Verantwortung –
ethische Grundfragen
und Diskussionsfelder

Wolfgang Luutz

Verantwortung –
ethische Grundfragen
und Diskussionsfelder

Lektüreheft für die Sekundarstufen I und II

 MILITZKE

Dieses Lehrbuch folgt der reformierten Rechtschreibung und Zeichensetzung. Texte mit * sind aus urheberrechtlichen Gründen davon ausgenommen.

1. Auflage
© Militzke Verlag GmbH, Leipzig 2010
Lektorat: Eveline Luutz
Umschlag und Gestaltung: Thomas Butsch
Titelbild: panthermedia.net/Mustafa Almir Mahmoud
Druck: Esser printSolutions GmbH, Bretten
ISBN: 978-3-86189-538-1

Militzke Verlag GmbH – www.militzke.de

Erscheinungsjahr: 2018

Inhalt

Vorwort

In öffentlichen Debatten der Gegenwart hat der Ausdruck »Verantwortung« Hochkonjunktur. Es ist üblich geworden, alltägliche Erscheinungen der mangelnden Wahrnehmung von Verantwortung in einer zunehmend individualisierten Gesellschaft zu beklagen. Parallel zu diesen zeitkritischen Diagnosen über eine »verantwortungsflüchtige Gesellschaft« erschallt jedoch der Ruf nach mehr Verantwortung. Nicht nur kirchliche Kreise, auch Politiker und Intellektuelle stimmen in diesen Ruf ein.

Solche modischen Klagen bewirken allerdings wenig, wenn sie lediglich als allgemeine Appelle vorgetragen werden. Max Weber spricht hier sehr treffend von einer »sterilen Aufgeregtheit«; man beruhigt auf diese Weise sein Gewissen und geht danach wieder zur Tagesordnung über. Soll der Ruf nach (mehr) Verantwortung daher nicht ungehört verhallen, ist es notwendig, über *Bedingungen* verantwortlichen Handelns in der heutigen Zeit nachzudenken, die *konkreten Handlungsfelder* verantwortlichen Tuns in unserer Gesellschaft in den Blick zu nehmen und den so erarbeiteten Wissensapparat für die *pädagogische Arbeit* an Schulen fruchtbar zu machen.

Hier findet das Lektüreheft seinen Platz. Es will Brücken bauen zwischen der Ethik als philosophischer Disziplin und der pädagogischen Praxis. Das Thema Verantwortung gehört zweifellos zu den wichtigsten Gegenständen zeitgenössischer philosophisch-ethischer Reflexion, ist aber durch die Auffächerung in verschiedenste Spezialfragen für den philosophischen Laien inzwischen kaum noch überschaubar. Dabei sind gerade Lehrer auf ein solches Wissen dringend angewiesen, nimmt doch die Ausprägung der Fähigkeit zu verantwortlichem Handeln heute in der Moralerziehung an Schulen einen zentralen Platz ein. Viele Lehrplanthemen im Ethik- bzw. Philosophieunterricht der einzelnen Bundesländer wie die »Verantwortung für mich selbst und für andere«, die »Verantwortung zur Hilfe für Benachteiligte«, die dem Menschen neu zugewachsene »Verantwortung für den Schutz der Natur« sowie die damit einhergehende »Verantwortung für nachfolgende Generationen« lassen sich diesem Anliegen direkt zuordnen.

Das Lektüreheft will bei der gedanklichen Durchdringung und methodischen Umsetzung des übergreifenden Themenfeldes »Verantwortung« Unterstützung geben. *Inhaltlich* ist es in drei große Abschnitte gegliedert:

Im *ersten Kapitel* erfolgt die *Einordnung des Themas* in den Kontext der philosophischen Ethik. Gefragt wird danach, wo das Begreifen von Verantwortung im Rahmen der modernen Ethik seinen Platz findet. Verantwortung wird vor allem als Thema der Angewandten Ethik behandelt.

Im *zweiten Kapitel* werden in ethischer Perspektive *Grundlagen verantwortlichen Handelns* dargestellt. Vorgeschlagen wird, zwischen verschiedenen Dimensionen des Verantwortungsproblems zu unterscheiden. Diese Untergliederung des Verantwortungsproblems wird dann für spezielle Fragen, so die Beziehung von guter Gesinnung und Folgenverantwortung sowie den Unterschied von juristischer und moralischer Verantwortung, fruchtbar gemacht.

Im abschließenden dritten Kapitel – dem Hauptteil des Buches – werden *zentrale Diskussionsfelder* bezogen auf die Wahrnehmung der Verantwortung in der heutigen Zeit umrissen. Dies geschieht allerdings ohne Anspruch auf Vollständigkeit und erschöpfende Darstellung.

Noch ein Wort zur Art der Darstellung in den einzelnen thematischen Unterabschnitten. Es wird *methodisch* in vier Schritten vorgegangen:

- Begonnen wird in der Regel mit einer kurzen *Einführung* E)), in der das jeweilige Verantwortungsfeld umrissen, ein Arbeitsbegriff zu seiner Erfassung entwickelt und auf offene Fragen hingewiesen wird.
- Es folgen philosophische *Quellentexte* Q)), die dazu dienen, das zur Diskussion stehende Verantwortungsproblem in unterschiedlichen Perspektiven zu beleuchten.
- Dem schließen sich Fragen an, die der Texterschließung und *Textinterpretation* I)) dienen sollen.

- So ausgerüstet, wird der Leser mit einem *Anwendungsfall* **A)**) konfrontiert, der eine strittige Frage bezogen auf das jeweilige Verantwortungsfeld verdeutlichen und als Ausgangspunkt einer *Pro-Contra-Argumentation* dienen soll.

Da sich das Lektüreheft an Lehrer wendet, die selbst – ausgestattet mit hoher Professionalität und getragen von Verantwortung – in der Moralerziehung tätig sind, sind Rückmeldungen erwünscht. Der Verlag wird Anregungen und kritische Kommentare gern entgegennehmen.

1 Einführung: Verantwortung als Thema der Angewandten Ethik

E)) Die Ethik, aufgefasst als normative Wissenschaft, denkt über Maßstäbe für moralisch richtiges Verhalten nach. Solche Moralprinzipien, orientiert etwa an der Würde der Person (Kant) oder dem Gesamtnutzen der Menschheit (Mill), liefern zwar allgemeine Richtlinien für verantwortliches Handeln, reichen aber als Orientierungsmaßstäbe für die Bewältigung praktischer Lebensprobleme oft nicht aus. Bei der Anwendung dieser Moralprinzipien auf brisante Streitfragen wie beispielsweise die Berechtigung der Abtreibung oder die Zulässigkeit der Sterbehilfe ergibt sich nämlich ein besonderer Argumentationsbedarf. Zudem erweisen sich, wie sich etwa am Beispiel des Gebots »Du sollst nicht lügen« nachweisen lässt, hehre moralische Prinzipien ohne Vermittlung mit den konkreten Lebensumständen häufig als lebensfremd.

Für manche Menschen scheint es deshalb jenseits dieser moralischen Prinzipien(reiterei) nur eine Handlungsalternative zu geben: Man konzentriert sich auf das jeweils Machbare, ohne sich unnötig mit dem Eintreten für ein Prinzip zu »belasten«. Wenn man Halt sucht, dann findet man diesen in der Mehrheitsmeinung oder der Meinung von Autoritäten. Das führt dazu, dass man sich stromlinienförmig den jeweiligen Machtverhältnissen anpasst.

Verantwortungsethik als *Angewandte Ethik* vermeidet beide angedeuteten Extreme – lebensfremden moralischen Rigorismus wie amoralischen Opportunismus.

Allgemeine vs. Angewandte Ethik

Q)) Normative Ethik kann entweder als *Allgemeine Ethik* oder *Angewandte Ethik* betrieben werden. Die Allgemeine Ethik macht, wie bereits dargelegt, allgemeine begründete Aussagen über das glückliche Leben des Einzelnen oder das gerechte Zusammenleben in der Gemeinschaft. Demgegenüber versucht die Angewandte Ethik, solche grundlegenden Wertmaßstäbe, Prinzipien oder Normen auf bestimmte gesellschaftlich relevante Handlungsbereiche »anzuwenden«. Sie nimmt dabei ihren Ausgangspunkt bei konkreten Problemen oder Fragestellungen, die sich aus der Praxis ergeben: etwa bei der Frage nach der Sterbehilfe (»Medizinethik«) oder dem richtigen Umgang mit der Natur (»Ökologieethik«). Sie zerfällt entsprechend den unterschiedlichen Themen und Handlungsfeldern in verschiedene, weder in ihrer Zahl noch in ihrer gegenseitigen Abgrenzung klar festgelegte »Bereichsethiken«. Selten reicht eine passende ethische Theorie oder ein Katalog normativer Kriterien aus, um konkrete Fragen aus der Praxis zu beantworten. Bezüglich der Sterbehilfedebatte beispielsweise könnte man auf die Prinzipien »Autonomie« und »Fürsorge« rekurrieren. Solche generellen abstrakten Prinzipien oder Konzepte müssen aber hinsichtlich konkreter situativer Bedingungen neu überdacht, spezifiziert und weiterentwickelt werden. Ziel ist die Formulierung praxisbezogener spezifischer Normen, mit deren Hilfe Probleme gelöst werden können.

(Dagmar Fenner: Ethik. Wie soll ich handeln? A. Francke, Tübingen und Basel 2008, S. 11)

I)) Fragen zur Textinterpretation
- Was versteht man unter einer normativen Ethik?
- Worin unterscheidet sich die Angewandte Ethik von der Allgemeinen Ethik?
- Welche Fragen werden durch die Angewandte Ethik aufgegriffen und einer Lösung zugeführt?
- Für welche besonderen Handlungs- und Verantwortungsfelder müssen spezielle Bereichsethiken entwickelt werden?
- Welches Wissen ist für die verantwortungsbewusste Bewältigung praktischer Probleme über das Wissen um allgemeine moralische Prinzipien hinaus notwendig?

Angewandte Ethik als Verantwortungsethik

Q)) Angewandte Ethik umfasst alle Bemühungen, jene Probleme zu lösen, die sich bei der Anwendung der Moralprinzipien und der Umsetzung moralischer Normen ergeben. [...] Hermeneutische Anwendungsprobleme ergeben sich hinsichtlich der Bestimmung der zu prüfenden Handlungen bzw. Handlungsregeln, und zwar insbesondere dann, wenn die Handlungen aufgrund der institutionellen oder technischen Macht der Handlungssubjekte (z.B. in der Politik bzw. beim Einsatz moderner Technologien) eine hohe, auch zeitliche, Komplexität aufweisen. Weltanschauliche Probleme stellen sich, wenn ein

Streit um die Moralprinzipien selbst entbrennt. Besonders relevant werden Probleme dieser Art, wenn ethische Normierungen in geltendes Recht umgesetzt werden sollen. Schließlich sind politisch-ökonomische Strukturen zu beachten, wenn moralische Normierungen und rechtliche Regelungen nicht zu weltfremden Forderungen werden sollen. Aufgrund der genannten Probleme muss Angewandte Ethik als *Verantwortungsethik* [Hervorhebung – W.L.] betrieben werden. Verantwortungsethik ist jene Weise der Berücksichtigung moralischer Normen in der politischen Handlungssphäre, die weder den ethischen Horizont preisgibt, um sich auf das momentan Machbare zu beschränken, noch moralische Normen ungeachtet der gegebenen Bedingungen durchsetzt. In der Verantwortungsethik tritt die (politische) Klugheit insofern in den Dienst des moralischen Fortschritts, als sie Bedingungen zu schaffen versucht, die der Erfüllung moralischer Forderungen entgegenkommen.
(Peter Fischer: Einführung in die Ethik. Wilhelm Fink, München 2003, S. 302 f.)

I)) **Fragen zur Textinterpretation**
- Warum erweist sich die Anwendung eines moralischen Prinzips auf Lebensprobleme als ein eigenständiges Problem?
- Worin unterscheiden sich nach Fischer hermeneutische, weltanschauliche, rechtliche und politisch-ökonomische Anwendungsprobleme voneinander?
- Warum ist aus Sicht von Peter Fischer Angewandte Ethik als Verantwortungsethik zu betreiben?
- Worin besteht das Grundproblem verantwortlichen politischen Entscheidens, was meint in diesem Zusammenhang politische Klugheit?

A)) **Anwendungsfall: Der Regelsatz für Hartz-IV-Empfänger**

Die Hartz-IV-Gesetze wurden von der damaligen rot-grünen Bundesregierung unter Kanzler Gerhard Schröder auf den Weg gebracht. Sie sind von den nachfolgenden Regierungen in geringfügig modifizierter Form fortgeschrieben worden. Ein Ziel dieser Arbeitsmarktreformen bestand unter anderem in der Zusammenführung von Arbeitslosen- und Sozialhilfe.
Bestandteil der Hartz-IV-Gesetze sind Festlegungen über den »Regelsatz«, die Höhe des Einkommens, das Bezugsberechtigten rechtmäßig zusteht. Der Regelsatz lag im Jahre 2009 bei 359 Euro monatlich für einen allein stehenden Erwachsenen; er wird aber in gewissen Zeitabständen überprüft

und gegebenenfalls geändert. Zugrunde liegen diesen Festlegungen Überlegungen zum *menschenwürdigen Grundeinkommen*, das heißt zu dem, was ein Mensch unbedingt an materiellen Gütern, kulturellen und sozialen Leistungen braucht, um ein *Leben in Würde* führen zu können. Über die angemessene Höhe des Regelsatzes wurde und wird in der Öffentlichkeit heftig gestritten. Ungeachtet dessen musste durch die politischen Verantwortungsträger eine irgendwie vertretbare Entscheidung getroffen werden.

Pro- und Contra-Argumentation

* Welche (ökonomischen, kulturellen, sozialen, politischen) Umstände sind bei Beantwortung der Frage nach der Höhe des menschenwürdigen Grundeinkommens in Rechnung zu stellen?
* Sollten aus Ihrer Sicht neben dem Gesichtspunkt »Leben in Würde« weitere moralische Prinzipien wie etwa »Leistungsgerechtigkeit« oder »Chancengleichheit« in die politischen Festlegungen über die Höhe des Regelsatzes für Langzeitarbeitslose mit eingehen?
* Inwieweit sind bei diesen Überlegungen auch die Interessen und Ansprüche anderer Gruppen, z.B. der Geringverdiener, der Behinderten oder der Rentner, mit zu berücksichtigen?
* Ziehen Sie aus den vorangegangenen Überlegungen ein Fazit: Halten Sie die jetzige Höhe des Regelsatzes für verantwortbar? Warum/warum nicht?

2 Verantwortung: Ethische Grundfragen

2.1 Dimensionen des Verantwortungsproblems

5

E)) Wie eingangs bereits erwähnt, hat das Wort »Verantwortung« im öffentlichen Diskurs der Gegenwart eine geradezu inflationäre Verbreitung gefunden.

Dabei scheint jedoch allen Beteiligten klar zu sein, was verantwortliches/unverantwortliches Handeln meint. Dieses stillschweigende Einverständnis wird jedoch schnell brüchig, wenn man hinter die Fassade des modischen Verantwortungsdiskurses schaut. Bei genauerer Betrachtung ergeben sich nämlich eine Reihe strittiger Fragen:

Häufig hört man die Forderung, dass die Menschen in unserer Gesellschaft wieder mehr Verantwortung »übernehmen« sollten. Kann man die Verantwortung jedoch »aufnehmen« und »abgeben« wie ein Ding, einen materiellen Gegenstand? Was ist sinnvoll unter »Verantwortungsübernahme« zu verstehen?

Einigkeit scheint in der Öffentlichkeit zudem darüber zu bestehen, dass nicht alle Menschen gleichermaßen für ihr Tun zur Verantwortung gezogen werden können. So werden wir beispielsweise kleine Kinder oder Demenzkranke nicht in vollem Umfang für ihr Tun zur Rechenschaft ziehen. Klar ist weiterhin, dass die konkreten Verantwortlichkeiten im menschlichen Zusammenleben unterschiedlich verteilt sind. In der Regel wiegt die Verantwortung eines Politikers, der an der Spitze des Staates steht, schwerer als die Verantwortung eines »einfachen Bürgers«. Wer kommt nun überhaupt als Verantwortungsträger in Betracht? Und wer sollte sich durch den Ruf nach (mehr) Verantwortung besonders angesprochen fühlen?

Einleuchtend erscheint es uns auch, die Menschen nicht für all das verantwortlich zu machen, was irgendwo auf der Welt geschieht. Für Sonneneruptionen und tektonisch verursachte Erdbeben zum Beispiel wird man keinen Menschen in die Verantwortung nehmen. Wo findet das verantwortliche menschliche Handeln nun aber sein ureigenstes Betätigungsfeld und wo findet es seine Grenzen?

Um diese Fragen zu beantworten, sind Vorklärungen zum Begriff der Verantwortung notwendig: Das Wort »Verantwortung« lässt sich zurückführen auf die Ausdrücke (Jemandem) »eine Antwort geben«, (über etwas) »Rechenschaft ablegen«. Analysieren wir die Verwendungsweisen des sprachlichen Ausdrucks »Verantwortung« genauer, so lassen sich vier Ebenen des Verantwortungsproblems unterscheiden:

1)) *Jemand* trägt die Verantwortung/handelt verantwortlich.
2)) Jemand trägt die Verantwortung *für etwas.*
3)) Jemand muss sich *gegenüber Jemandem* verantworten.
4)) Jemand wird nach einem *allgemein geltenden Maßstab* zur Rechenschaft gezogen.

Der Sinn der jeweiligen Verantwortungsebene lässt sich durch spezifische Fragewörter näher erschließen:

1)) *Wer?*
Gesucht wird nach dem Verantwortungsträger, dem *verantwortungsfähigen Subjekt (S).*
2)) *Wofür?*
Gefragt wird nach dem Bereich bzw. Gegenstand, für den man Verantwortung trägt, dem *Verantwortungsobjekt (O).*
3)) *Wem gegenüber?*
Im Fokus des Interesses steht hier die Autorität, vor der wir Rechenschaft ablegen müssen, also die *Verantwortungsinstanz (I).*
4)) *Warum?*
Analysiert werden im Rahmen dieser Dimension die Maßstäbe für die Zuschreibung von Verantwortung, die *Verantwortungsgründe (G).*

Als Fazit lässt sich festhalten: Das, was Verantwortungsübernahme genannt wird, erweist sich als eine komplexe *vierstellige Beziehung,* die durch vier »W-Fragen« erschlossen werden kann.

Verantwortungsdimensionen

	Fragewort	Verantwortungsdimension	Inhaltliche Erläuterung	
1	Wer?	Verantwortungssubjekt (S) (Verantwortungsträger)	• zurechnungsfähige Personen • organisierte soziale Gruppen • politische/soziale Institutionen	5 10
2	Wofür? (Was?)	Verantwortungsobjekt (O) (Verantwortungsgegenstände bzw. -bereiche)	• Handlung – Handlungsfolgen • für sich selbst – für andere • Tun – Unterlassen • Mensch – Natur • Gegenwart – Zukunft	 15
3	Wem gegenüber? (Vor wem?)	Verantwortungsinstanz (I) (Institutionen mit Kontroll- und Sanktionspotential)	• transzendente Instanzen: Gott, Schöpfer etc. • soziale Instanzen: die öffentliche Meinung • juristische Instanzen: das Gericht • interne moralische Instanz: das Gewissen	 20 25
4	Warum? (Weshalb?)	Verantwortungsgründe (G) (Maßstäbe für die Zuschreibung von Verantwortung)	• geltende rechtliche Gesetze • übergreifende moralische Normen und Prinzipien	 30

I)) **Fragen zur Textinterpretation**
- Was versteht man in der philosophischen Ethik unter Verantwortung?
- Welche Ebenen lassen sich bei der Klärung des Verantwortungsproblems unterscheiden?
- Ordnen Sie der jeweiligen Verantwortungsebene passende Fragewörter zu.

- Erläutern Sie die – in Spalte 3 der obigen Tabelle zu finden und als Diskussionsangebot zu verstehenden – allgemeinen Antworten auf die Frage nach dem Verantwortungssubjekt, dem Verantwortungsobjekt, der Verantwortungsinstanz und den Verantwortungsgründen.

A)) Anwendungsfall: Körperverletzung auf dem Schulhof

In der großen Pause wird Paul, ein 14-jähriger Schüler, auf dem Schulhof von Boris, einem gleichaltrigen Mitschüler, so sehr geschlagen, dass ein Arzt gerufen werden muss.

Bei der nachfolgenden Rekonstruktion des Vorfalls durch den Schuldirektor kommt heraus, dass der Schläger vom betroffenen Schüler verbal provoziert, er unter anderem als »Russe« beschimpft worden war. Zudem hätten die darum herum stehenden Schüler nicht eingegriffen, sondern die Kämpfenden eher noch angefeuert. Der Aufsicht führende Lehrer sei zu dieser Zeit auf Toilette gewesen.

Darauf hin zitiert der Schuldirektor die beteiligten Schüler zu sich. Paul, nach den Hintergründen der Schlägerei befragt, wiegelt ab: es habe sich um ein normales Gerangel gehandelt, bei dem er unglücklich gefallen sei. Boris hingegen schweigt. Der Direktor gibt sich damit zufrieden. Er ermahnt insbesondere Boris wegen seines Fehlverhaltens. Bei Wiederholung könnten ihm zivilrechtliche Schritte der Eltern des Geschädigten sowie ein Schulausschluss drohen. Für dieses Mal wolle er aber noch einmal auf eine polizeiliche Anzeige verzichten. Der Direktor bittet auch die Eltern von Boris zu einem Gespräch. Diese erscheinen zwar, verteidigen ihren Sohn jedoch vehement. Der Fall zeige wieder einmal, so ihre Deutung des Vorfalls, wie sehr Russlanddeutsche in Deutschland diskriminiert würden.

Pro- und Contra-Argumentation:
- Wenden Sie die in die Tabelle »Verantwortungsdimensionen« aufgenommenen vier W-Fragen bei der Klärung der Verantwortung im obigen Fall an.
- Diskutieren Sie strittige Fragen im Zusammenhang mit dem dargestellten Fallbeispiel: Wie würden Sie beispielsweise die Frage nach dem Verantwortungsträger beantworten? Welche unterschiedlichen Autoritäten kommen als Verantwortungsinstanzen ins Spiel und welche divergierenden Maßstäbe werden von den Beteiligten für die Bewertung des Verhaltens von Boris herangezogen?

2.2   Voraussetzungen für verantwortliches Handeln

E))   Die Fähigkeit zur Übernahme von Verantwortung wird in der philosophischen Ethik der menschlichen Person – und nur ihr – zugesprochen. Eine
erste zu klärende Frage lautet deshalb: Was macht den Menschen überhaupt
zu einem verantwortungsfähigen Wesen? Unter welchen Bedingungen bildet
sich die menschliche Disposition zur Wahrnehmung von Verantwortung heraus?

Es lassen sich *anthropologische* und *soziale* Voraussetzungen für die Ausprägung menschlicher Verantwortungsfähigkeit unterscheiden. Mit ersteren
wollen wir die Darstellung beginnen:

Als eine Bedingung für die moralische Verantwortung des Menschen
wird in der modernen Ethik relativ übereinstimmend die Freiheit des Willens
genannt. Anders als das Tier kann der Mensch sein Leben bis zu einem gewissen Grade frei wählen. Da sein Handeln biologisch nicht vollständig vorpro-
grammiert ist, kann er gut oder böse handeln. Das heißt, er kann seiner Verantwortung gerecht werden, sich ihr aber in gewisser Weise auch entziehen.

Was aber heißt Willensfreiheit? Ist unser Wille nicht immer durch unsere körperlichen Bedürfnisse, durch die sozialen Umstände etc. determiniert?
Zur Veranschaulichung der Idee der Willensfreiheit wählt der Philosoph Thomas Nagel folgendes Beispiel: Jemand entscheidet sich an der Selbstbedie-
nungstheke eines Restaurants statt für einen Pfirsich für ein Stück Schokola-
dentorte. Am nächsten Tag denkt er nach Blick auf die Waage, dass es
vielleicht besser gewesen wäre, den Pfirsich zu wählen. Ausgehend davon fragt
Nagel, was »Willensfreiheit« bedeutet:

Willensfreiheit

Q))   Es bedeutet vielleicht unter anderem folgendes: Nichts von dem, was
bis zu dem Punkt geschieht, an dem Sie sich entscheiden, legt unwiderruflich
fest, wie ihre Entscheidung ausfallen wird. Es besteht bis zu dem Augenblick,
in dem Sie in Wirklichkeit zur Torte greifen, eine offene »*Möglichkeit*«, dass sie
den Pfirsich wählen. [...]

Einige Leute haben geglaubt, dass es uns in diesem absoluten Sinne
niemals möglich ist, etwas anderes als das zu tun, was wir in Wirklichkeit tun.
[...] Sie sind [...] der Auffassung, dass die vor unserer Handlung bestehenden
Umstände in jedem Fall unsere Handlung determinieren und unvermeidlich
machen. [...]

Würden Sie dies von sich selbst und von anderen Menschen glauben, so änderten sich wahrscheinlich viele ihrer Ansichten. Könnten Sie sich beispielsweise Vorwürfe darüber machen, dass Sie der Versuchung nachgeben und die Torte essen? [...]

Offenbar hat dies ernste Konsequenzen. Nicht nur können Sie sich nicht mehr sinnvoll dafür verantwortlich machen, dass Sie die Torte gegessen haben, Sie können wahrscheinlich überhaupt niemanden mehr für schlechte Taten verantwortlich machen oder gar für gute Taten loben. Wenn es vorherbestimmt war, dass der andere dies tun würde, so war es unvermeidlich [...].

Ich kann diese Lösung nicht akzeptieren. Wäre ich der Ansicht, dass alles, was ich täte, durch die Umstände und meine psychische Verfassung determiniert wäre, so fühlte ich mich gleichsam in einer Falle. Glaubte ich von allen anderen das gleiche, so wären sie für mich wie Marionetten. Es wäre sinnlos, sie für ihre Handlungen verantwortlich zu machen; man macht auch nicht einen Hund und eine Katze oder gar einen Lift für etwas verantwortlich.

(Thomas Nagel: Was bedeutet das alles? Eine ganz kurze Einführung in die Philosophie. Reclam, Stuttgart 1990, S. 41 ff.)

I)) Fragen zur Textinterpretation

- Welches Verständnis von Willensfreiheit wird von Nagel ausgehend von seinem Tortenbeispiel nahe gelegt?
- Was versteht Nagel darunter, dass es für jeden Menschen vor seiner Handlung ein offenes Möglichkeitsfeld gibt? Wählen Sie zum Beleg dieser These selbst instruktive Beispiele.
- Welche Argumente lassen sich gegen die These menschlicher Willensfreiheit ins Feld führen?
- Was besagt das von Nagel verwendete Bild der Marionette? Warum befänden wir uns bei Leugnung der Willensfreiheit in einer Falle?
- Warum folgt aus der Leugnung menschlicher Willensfreiheit notwendigerweise, dass der Mensch für sein Handeln nicht zur Verantwortung gezogen werden kann? Legen Sie dar, welche praktischen Folgerungen sich aus dieser Auffassung ergeben würden.

Verantwortung in sozialen Beziehungen

Als Einwand gegen die Idee des freien Willens wird immer wieder ins Feld geführt, dass der Mensch in soziale Beziehungen eingebunden ist, die sein Denken und Handeln bestimmen. Der spanische Philosoph Fernando Savater greift diesen Gedanken auf, kehrt ihn aber um: Zu fragen sei vielmehr,

---

ob der Mensch, aufgefasst als isoliertes Einzelwesen, seine Verantwortung überhaupt erkennen und wahrnehmen könnte.

Q)) Die zeitgenössische Philosophie und Literatur quellen über von Klagen über die Last, die uns das Leben in der Gesellschaft aufbürdet. [...] Viele Argu- 5
mente sprechen für solche Proteste und solchen Argwohn. In modernen Ge-
sellschaften werden die menschlichen Beziehungen notwendigerweise unper-
sönlich, hastig und bürokratisch, das heißt »kalt« – verglichen mit der
unmittelbaren »Wärme« alter, weniger regulierter, weniger bevölkerungsrei-
cher und weniger einheitlicher Gesellschaften. Andererseits wächst in der mo- 10
dernen Gesellschaft die Möglichkeit staatlicher und sozialer Kontrolle über
das individuelle Verhalten. Der Einzelne wird immer stärker überwacht und
gezwungen, sich bestimmten gemeinsamen Normen, Regeln und Maßstäben
zu unterwerfen (wobei es diese letzte Form der Tyrannei auch in kleinen, vor-
modernen Gemeinschaften immer gegeben hat). Trotz soviel Kontrolle haben 15
viele Bürger wenig von den Vorteilen des Gemeinschaftslebens, leben in Elend
und Verlassenheit. Zu allem Überfluss gab es im 20. Jahrhundert grauenhafte
Beispiele dafür, welchen umfassenden Terror ein diktatorischer Gemein-
schaftswahn über die Einzelnen ausübt.

Solch extreme Tiefpunkte menschlichen Zusammenlebens können uns 20
vergessen lassen, dass die Gesellschaft nicht nur ein fremder Menschenhaufen
ist, der von unserer Autonomie, unserer Eigenständigkeit, Besitz ergreift.
Stattdessen ist sie ein Erfordernis unseres menschlichen Wesens, ohne das es
gar nicht möglich wäre, diese Autonomie, über die wir so eifersüchtig wachen,
zu entfalten. [...] 25
Schränken uns aber die anderen und die Institutionen, die öffentlichen
Einrichtungen, die wir mit ihnen teilen, in unserer Freiheit ein? Vielleicht
sollte man die Frage anders stellen: Macht es Sinn, von Freiheit ohne Bezug
auf Verantwortung zu sprechen, das heißt auf unsere Beziehung zu den anderen? Sind es nicht gerade Institutionen – angefangen mit den Gesetzen – , die 30
uns deutlich machen, dass wir frei sind, uns ihnen zu fügen oder ihnen zu
trotzen, ebenso wie sie einzurichten oder aufzuheben? [...]
So berechtigt die Proteste gegen die tatsächlichen Formen jeder heutigen Gesellschaft sein mögen, bleibt es ebenso gewiss, dass wir menschlich *für*
und *durch* unsere Mitmenschen geprägt werden. Das ist unser Schicksal als 35
sprachbegabte, das heißt symbolschaffende Wesen. Bei der Geburt sind wir
zur Menschlichkeit »fähig«, doch wir erfüllen diese Fähigkeit – zu deren
Zügen individuelle Autonomie gehört – nicht mit Leben, solange wir nicht die
Beziehung zu anderen genießen und erleiden. Die Beziehung zu anderen ist
mit Sicherheit nie überflüssig oder ein bloßes Hindernis für die Entwicklung 40

unserer Individualität. In Wirklichkeit kann sie sich nur in den Beziehungen zu anderen festigen. Um uns selbst kennen zu lernen, müssen wir zuerst von anderen *erkannt* werden. So belastend uns der Umgang mit anderen bekommen mag, wäre doch nichts so zerstörerisch wie seine völlige Abwesenheit –
5 wenn wir von anderen völlig und dauerhaft unerkannt blieben.

(Fernando Savater: Die Fragen des Lebens. Campus, Frankfurt/New York
2000, S. 192 ff.)

I)) Fragen zur Textinterpretation

10 • Welche Erfahrungsgründe kann es nach Savater dafür geben, dass manche Menschen die Gesellschaft lediglich als lästige Begrenzung des eigenen Selbst begreifen?

• Warum ist die Determination des Menschen durch die jeweilige Gesellschaft mehr als eine Fessel für den Menschen? Zeigen Sie anhand be-
15 stimmter menschlicher Wesenseigenschaften wie der Sprache, dass diese als Potenzen zwar im Menschen angelegt sind, sich aber nur im Verlaufe der Sozialisation ausprägen.

• Welche Auffassung von der menschlichen Natur legt Savater seiner Verantwortungskonzeption zugrunde? Warum kann der Menschen nur in
20 und durch soziale Beziehungen zu einem verantwortungsfähigen Wesen werden?

• Fassen Sie zusammen: Wie bestimmt Savater das Verhältnis von Freiheit des Einzelnen und Verantwortung?

25

A)) Anwendungsfall: Unfallverursacher kommt mit milder Strafe davon

Die Freiheit des Willens gehört zum Mensch-Sein, zur menschlichen
30 Form der Existenz. Wir wissen allerdings auch, dass diese Fähigkeit bei einzelnen Menschen zeitweilig oder dauerhaft eingeschränkt sein kann.

So kann sich der Mensch durch die Einnahme von Rauschmitteln in einem Zustand befinden, in dem seine Selbststeuerungsfähigkeit stark eingeschränkt ist. Der Mensch ist dann nicht mehr »Herr seiner selbst«. Ein gutes
35 Beispiel, um diesen Sachverhalt zu verdeutlichen, sind Verkehrsunfälle, die im Zustand der Volltrunkenheit (mehr als 2,0 – 2,5 Promille Blutalkohol) herbeigeführt wurden. Werden derartige Fälle vor Gericht verhandelt, wird häufig auf verminderte Zurechnungsfähigkeit wegen Volltrunkenheit erkannt und eine vergleichsweise milde Strafe verhängt. Das ruft bei den vom Unfall Be-
40 troffenen und ihren Angehörigen nicht selten Empörung hervor.

Pro- und Contra-Argumentation

* Argumentieren Sie zu dem Standpunkt: »Wer alt genug ist, um die Konsequenzen seiner Handlung zu bedenken und ohne Zwang so viel alkoholische Getränke zu sich nimmt, dass er nicht mehr »Herr seiner selbst« ist, sollte für die Folgen seines Tuns voll zur Verantwortung gezogen werden.« 5

* Ändert sich an Ihrer moralischen Bewertung des Falls etwas, wenn durch ein Prozessgutachten festgestellt wird, dass der Unfallverursacher alkoholabhängig ist?

* Suchen Sie nach anderen Fallbeispielen, wo die Freiheit des menschlichen Willens eingeschränkt ist. Gibt es auch eine Verantwortung derjenigen, die mit solchen menschlichen Schicksalen – sei es beruflich oder privat – konfrontiert sind? 10

15

20

25

30

35

40

2.3 Individuelle Verantwortung im Rahmen sozialer Institutionen

E)) Als Verantwortungsträger hatten wir die mit freiem Willen ausgestattete, zurechnungsfähige Person eingeführt.

Menschen handeln jedoch in der Regel nicht als isolierte Einzelne, sondern eingeordnet in *soziale Institutionen*. Was ist dabei unter einer Institution zu verstehen? Üblicherweise wird man zunächst an Ämter, Gerichte und andere staatliche Einrichtungen denken. Dieses Verständnis greift jedoch zu kurz. Vielmehr sollen hier unter »Institution« in einem weiten Sinne alle Regelsysteme verstanden werden, die menschliches Handeln organisieren und strukturieren. Neben der Staats- und Rechtsordnung fallen unter diesen Begriff zum Beispiel auch Schulen und Universitäten, Ehe- und Familienformen, Eigentumsverhältnisse, Firmenstrukturen etc.

Worin besteht nun unsere moralische Verantwortung, wenn wir im Rahmen solcher Institutionen handeln? Prinzipiell sind zwei gegenläufige Antworten möglich.

Zum einen kann der *einengende*, ja den Menschen deformierende Charakter der sozialen Institution betont werden. Beispielsweise kamen im Jahre 2010 durch entsprechende Pressemitteilungen entwürdigende Prozeduren ans Licht, die lange Zeit im Rahmen der Institution Bundeswehr gang und gäbe waren. Den neu eingezogenen Wehrpflichtigen, wurde berichtet, seien in bestimmten Kasernen »Mutproben« abgefordert worden, so hätten sie rohe Leber essen oder sich bis zur Besinnungslosigkeit betrinken müssen. In diesem Fall verantwortlich zu handeln, kann nur heißen, sich der Teilnahme an solchen Praktiken zu verweigern, also den Zwängen, die aus der Institution resultieren, zu widerstehen.

Zum anderen kann aber auch der menschliches Handeln *ermöglichende* Charakter der Institution in den Blick gerückt werden. Im Rahmen dieses Verständnisses ist moralisch verantwortliches Handeln erst in und durch die Institution möglich. So ist das bürgerschaftliche Engagement beispielsweise an Institutionen der Demokratie wie das Vereins- und Wahlrecht als Rahmen gebunden.

Die folgenden beiden Texte markieren die ganze Spannweite möglicher Positionen bezogen auf unsere Frage – von der strikten Ablehnung bis zur vorbehaltlosen Bejahung der Institution. Beginnen wir mit der ersteren Position: Ein liberales, tendenziell antiinstitutionelles Konzept der Verantwortung wurde vom amerikanischen Schriftsteller Henry David Thoreau (1817–1862) entworfen. In seinem 1849 veröffentlichten Essay »Über die Pflicht zum Ungehorsam gegen den Staat« betont er, dass unsere Verantwortung als menschliche Individuen gerade darin besteht, in Fällen offensichtlicher Ungerechtigkeit den Anordnungen staatlicher Institutionen zuwider zu handeln.

5

Über die Pflicht zum Ungehorsam gegen den Staat

Q)) Die Mehrzahl der Menschen dient also dem Staat mit ihren Körpern nicht als Menschen, sondern als Maschinen. Sie bilden das stehende Heer und die Miliz, die Gefängniswärter, die Konstabler, Gendarmen etc. In den meisten Fällen bleibt da kein Raum mehr für Urteil oder moralisches Gefühl; sie stehen auf derselben Stufe wie Holz und Steine; vielleicht könnte man Holzmänner herstellen, die ebenso zweckdienlich wären. Solche Wesen flößen nicht mehr Achtung ein als Strohmänner oder Dreckklumpen. Sie sind nicht mehr wert als Pferde oder Hunde. Und doch hält man sogar solche Menschen gewöhnlich für gute Bürger. Andere, wie die meisten Gesetzgeber, Politiker, Advokaten, Pfarrer und Würdenträger, dienen dem Staat vor allem mit ihren Köpfen; doch weil sie selten moralische Unterschiede machen, könnten sie – ohne es zu wollen – ebensowohl dem Teufel dienen wie Gott. Nur wenige Helden, Patrioten, Märtyrer, wirkliche Reformer und Männer dienen dem Staat auch mit dem Gewissen; *sie* werden von ihm gewöhnlich als Feinde behandelt. [...]

10

15

20

Wie also soll man sich heutzutage zu dieser amerikanischen Regierung verhalten? Ich antworte, dass man sich nicht ohne Schande mit ihr einlassen kann. Nicht für einen Augenblick kann ich eine politische Organisation als meine Regierung anerkennen, die zugleich auch eine Regierung von *Sklaven* ist. Alle Menschen bekennen sich zum Recht auf Revolution; das heißt zu dem Recht, der Regierung die Gefolgschaft zu verweigern und ihr zu widerstehen, wenn ihre Tyrannei oder ihre Untüchtigkeit zu groß und unerträglich wird. Aber fast alle sagen, das sei jetzt nicht der Fall. [...]

25

30

Wenn aber das Gesetz so beschaffen ist, dass es notwendigerweise aus dir den Arm des Unrechts an einem anderen macht, dann, sage ich, brich das Gesetz. Mach dein Leben zu einem Gegengewicht, um die Maschine aufzuhalten. Jedenfalls muss ich zusehen, dass ich mich nicht zu dem Unrecht hergebe, das ich verdamme. [...]

35

Unter einer Regierung, die irgend jemanden unrechtmäßig einsperrt, ist das Gefängnis der angemessene Platz für einen gerechten Menschen. [...] es ist das einzige Haus in einem Sklavenstaat, das ein freier Mann in Ehren bewohnen kann. [...]

40

Was ich will, ist: dem Staat Gefolgschaft verweigern, mich von dieser Pflicht [Steuern zu zahlen – W.L.] zurückzuziehen und über ihr stehen. Mich interessiert es nicht, wo mein Dollar hingeht, solange er nicht einen Mann und ein Gewehr kauft, um jemanden zu erschießen. Der Dollar ist unschuldig; mich beschäftigt vielmehr die Folge meiner Untreue als Untertan. Ja, ich erkläre dem Staat den Krieg, ruhig, wie es meine Art ist, wenngleich ich noch immer soviel Vorteil und Nutzen wie möglich aus ihm ziehen will, wie das in solchen Fällen Brauch ist. [...]

Ist die Demokratie, wie wir sie kennen, wirklich die letztmögliche Verbesserung im Regieren? Ist es nicht möglich, noch einen Schritt weiter zu gehen bei der Anerkennung und Kodifizierung der Menschenrechte? Nie wird es einen wirklich freien und aufgeklärten Staat geben, solange sich der Staat nicht bequemt, das Individuum als größere und unabhängige Macht anzuerkennen, von welcher all seine Macht und Gewalt sich ableiten, und solange er den Einzelmenschen nicht entsprechend behandelt. Ich mache mir das Vergnügen, mir einen Staat vorzustellen, der es sich leisten kann, zu allen Menschen gerecht zu sein und der das Individuum achtungsvoll als Nachbarn behandelt; einen Staat, der es nicht für unvereinbar mit seiner Stellung hielte, wenn ihm einige fernblieben, sich nicht mit ihm einließen und nicht von ihm einbezogen würden, solange sie nur alle nachbarlichen, mitmenschlichen Pflichten erfüllten.

(Henry David Thoreau: Über die Pflicht zum Ungehorsam gegen den Staat.
Diogenes, Zürich 1996, S. 18 ff.)

))   **Fragen zur Textinterpretation**

• Recherchieren Sie die konkreten historischen Hintergründe, die der Schrift von Thoreau zugrunde liegen.

• Rekapitulieren Sie die Verhaltensrichtlinien für den mündigen Bürger, die Thoreau unter der Überschrift »Pflicht zum Ungehorsam gegen den Staat« zusammenfasst.

• Welche Folgen für das eigene Leben und das Leben in der Gemeinschaft wären mit den von Thoreau eingeforderten Verhaltensweisen verbunden? Würden Sie persönlich ein solches Leben führen wollen? Begründen Sie Ihre Position.

• Welches Menschenbild und Gesellschaftsverständnis liegen dem Thoreauschen Ideal verantwortlichen Handelns zugrunde?

• Formulieren Sie Prinzipien, die uns Anhaltspunkte dafür geben, wann in Wahrnehmung unserer Verantwortung ein Widerstand gegen bestimmte Gesetze und Anordnungen eines Staates moralisch geboten sein kann.

Verantwortung aus Institutionen heraus

Andere Akzente als Thoreau setzt Arnold Gehlen (1904–1976), einer der wichtigsten Vertreter der philosophischen Anthropologie des 20. Jahrhunderts.

Gehlen betont die kulturbildende, menschliches Verhalten entlastende und zugleich stabilisierende Funktion sozialer Institutionen. Menschen handeln aus Institutionen heraus, die sie zu einem bestimmten Verhalten verpflichten. Das ist aus Sicht von Gehlen eine unerlässliche Bedingung für die Verantwortungsübernahme.

Q)) Unter diesen Gesichtspunkten erscheinen die Institutionen einmal als »Betriebe«, als geschichtlich bedingte Weisen der Bewältigung lebenswichtiger Aufgaben und Umstände, so wie die Ernährung, die Fortpflanzung, die Sicherheit ein geregeltes und dauerndes Zusammenwirken erfordern; sie erscheinen von der anderen Seite als stabilisierende Gewalten und als Formen, die ein seiner Natur nach riskiertes und unstabiles, affektüberlastetes Wesen findet, um sich selbst und um sich gegenseitig zu ertragen, etwas, worauf man in sich und anderen einigermaßen zählen kann. [...]

Das Institutionen-Problem hat daher verschiedene Ebenen. Erstens ist die Regel, die Regel als solche, die bei einer gelingenden kollektiven Problemlösung sofort in die Norm umschlägt, das anthropologisch elementare Verfahren, die verschiedenen Subjekte sich überhaupt treffen zu lassen und eine gemeinsame Beziehung herzustellen. [...]

Weiterhin erfordert die *Objektivität* der Institutionen Beachtung. Der Einzelne erlebt z.B. die Ehe wie ein überpersönliches, vorgefundenes Muster, in das er sich einordnet, wozu spätestens die Geburt eines Kindes auch Freigeister nötigt, denn die Freigeisterei endet zuerst bei der jungen Mutter. In anderen Fällen tritt er in eine Institution seines Berufes, eine Behörde oder Fabrik ein, dort wird das Mitmachen ihn künftig zu großen Teilen ausmachen. Man kann das Verhalten, die Überzeugungen des Einzelnen mit guter Annäherung vorhersagen, wenn man seine Stellung im gesellschaftlichen System kennt, dessen Forderungen in unsere Entschlüsse und Meinungen schließlich durchgreifen, so dass Gegenvorstellungen am Ende flügellahm bleiben. So entsteht die [...] wohltuende Fraglosigkeit in den Elementardaten, eine lebenswichtige Entlastung, weil von diesem Unterbau innerer und äußerer Gewohnheiten her die geistigen Energien nach oben abgegeben werden können, und das ist, was »Freiheit« auch bedeuten kann.

(Arnold Gehlen: Moral und Hypermoral. Eine pluralistische Ethik. Athenaion, Wiesbaden 1969, S. 95 ff.)

I)) Fragen zur Textinterpretation
- Wie fasst Gehlen das Wesen des Menschen im Unterschied zum Tier?
- Warum braucht der Mensch zur Stabilisierung seines Verhaltens und zur Regelung des Zusammenlebens Institutionen?
5   - Warum ist die reale Möglichkeit des Einzelnen zur Verantwortungs-übernahme nach Gehlen an die Einbindung in Institutionen gebunden? Stellen Sie dies an Beispielen, etwa der Institution der Familie, der Schule oder des Berufs, dar.
- Fassen Sie zusammen: Welche Verantwortung tragen Menschen nach
10   Gehlen im Rahmen von Institutionen?

A)) Anwendungsfall: Übermüdeter Fahrer aus Verkehr gezogen

15   Q)) Wie der Polizeisprecher berichtete, wurde am gestrigen Dienstag auf der A 9, Anschlussstelle Schleiz, eine groß angelegte Verkehrskontrolle des Schwerlastverkehrs durchgeführt. Dabei seien bei mehr als der Hälfte der kontrollierten LKW technische Mängel festgestellt worden. Den Vogel habe aber der Brummifahrer H. aus dem sächsischen M. abgeschossen: Bei der Kontrolle
20   des Fahrtenschreibers seien Manipulationen sichtbar geworden. Hartnäckiges Nachfragen habe dann zu dem Ergebnis geführt, dass der Brummifahrer insgesamt 56 Stunden ohne Pause unterwegs gewesen sei! Außerdem habe sich der LKW in einem katastrophalen technischen Zustand befunden. Beanstandet wurden unter anderem total abgefahrene Reifen und ein unsachgemäß ge-
25   schweißter Rahmen. Dem Fahrer wurde die Weiterfahrt verwehrt, der LKW wegen der gravierenden Mängel sofort aus dem Verkehr gezogen.
Gegenüber dem Polizisten habe der Fahrer sein Verhalten wie folgt gerechtfertigt: Er sei mit einer dringenden Terminfracht unterwegs gewesen. Wegen eines nicht eingeplanten Staus am Hermsdorfer Kreuz habe er die Ru-
30   hezeiten nicht einhalten können, der Chef habe telefonisch auf unbedingte Einhaltung des Termins gedrängt. Das Klima in der Branche sei rau – es werde hart um jeden Auftrag gekämpft. Vor allem die Billigkonkurrenz aus Osteuropa mache der Branche zu schaffen. Die Firma sei schon mehrfach nur knapp einer Insolvenz entgangen. Deshalb habe auch die notwendige In-
35   standsetzung der Zugmaschine immer wieder verschoben werden müssen, sie sei nun aber, so habe ihm der Chef versichert, in einer der nächsten Wochen geplant gewesen. Ihm selbst als Familienvater drohe jetzt wohl die Arbeitslosigkeit.

(Frei nach einer Pressemitteilung)

40

Pro- und Contra-Argumentation

- Welche institutionellen Zwänge werden im angeführten Beispiel sichtbar?
- Hatte der LKW-Fahrer überhaupt eine Wahl? Führen Sie dazu ein Streitgespräch.
- Hätten die Polizisten angesichts der Umstände nicht Gnade vor Recht ergehen lassen sollen? Worin besteht ihre institutionelle Verantwortung?
- Beurteilen zusammenfassend die Verantwortung des Brummifahrers H.

2.4 Verantwortung in asymmetrischen Beziehungen

E)) Ein wichtiger Gegenstand der Verantwortung ist das Wohl anderer
Menschen. Lässt sich diese Verantwortung eventuell auf die Idee der Gegenseitigkeit, wie sie beispielsweise in der Goldenen Regel zum Ausdruck kommt,
zurückführen?

Dagegen spricht, dass im sozialen Miteinander die konkreten Verantwortlichkeiten in der Regel ungleich verteilt sind. Das hängt mit unterschiedlichen sozialen Positionen (Rollen) und unterschiedlichen Einflussmöglich-
keiten (Macht) zusammen. Außerdem ist zu bedenken, dass das tatsächliche
Vermögen zur Übernahme von Verantwortung von Mensch zu Mensch vari-
iert. Es gibt Menschen, die sich momentan nicht selbst helfen können und gerade deshalb dringend unsere Unterstützung brauchen. Der Begriff der *Fürsorge* bringt diese Asymmetrien in der Wahrnehmung von Verantwortung auf
den Begriff. Wir wollen darunter die aktive und intensive, über eine bloße Ge-
fälligkeit hinausgehende, helfende Zuwendung einer Person zu einem konkreten
anderen Menschen, der zeitweilig oder dauerhaft hilfsbedürftig ist, verstehen.

Auf den ersten Blick ist man geneigt, solche Verhaltensweisen der Fürsorge per se als moralisch richtig anzusehen. Kritiker der Fürsorgeverpflich-
tungen verweisen aber darauf, dass im Falle asymmetrischer Beziehungen
immer auch die Gefahr eines Machtmissbrauches nahe liegt. Zudem kann die
Fürsorgeverantwortung, da sie häufig die aufopfernde Unterstützung anderer
beinhaltet, den Helfenden dazu veranlassen, seine Verantwortung sich selbst
gegenüber zu vernachlässigen. Mit diesen Einwänden setzt sich speziell der
zweite Quellentext auseinander.

Zunächst soll jedoch der Philosoph Hans Jonas (1903–1993) zu Wort
kommen. Jonas geht es im Rahmen seiner Verantwortungsethik um die Begründung einer neuen Art von Verantwortung, die sich auf die Zukunft der
Menschheit bezieht. Diese Verantwortung lässt sich nach seiner Auffassung
nicht auf die Idee der Gegenseitigkeit, von Leistung und korrespondierender
Gegenleistung, gründen:

Verantwortung als nichtreziprokes Verhältnis

Q)) Hier ist nun zuerst zu sagen, dass das, was wir von unserem Prinzip
[Zukunftsverantwortung – W.L.] verlangen müssen, nicht durch die her-
kömmliche Idee von Rechten und Pflichten geleistet wird – die auf Reziprozität gegründete Idee, wonach meine Pflicht das Gegenbild fremden Rechtes ist,

das seinerseits im Ebenbild meines eigenen gesehen wird: so dass, wenn erst einmal gewisse Rechte des Anderen festgestellt sind, eben damit auch meine Pflicht festgestellt ist, sie zu respektieren und (unter Hinzuziehung einer Idee von positiver Verantwortung) womöglich auch zu fördern. Diese Idee versagt für unsern Zweck. Denn Anspruch hat nur, was Ansprüche macht – was erst einmal *ist*. Alles Leben macht Anspruch auf Leben, und vielleicht ist dies ein zu achtendes Recht. Das Nichtexistierende stellt keine Ansprüche, kann daher auch nicht in seinen Rechten verletzt werden. Es mag sie haben, wenn es ist, aber hat sie nicht schon auf die Möglichkeit hin, dass es einmal sein werde. Vor allem hat es kein Recht darauf, überhaupt zu sein, bevor es in der Tat ist. Der Anspruch auf Sein beginnt erst mit dem Sein. Aber gerade mit dem noch-nicht-Seienden hat es die gesuchte Ethik zu tun und *ihr* Prinzip der Verantwortung muss unabhängig sein, wie von aller Idee eines Rechtes, so auch von der einer Reziprozität [...].

Nun gibt es schon in der herkömmlichen Moral *einen* (selbst den Beschauer tief bewegenden) Fall elementarer *nicht-reziproker Verantwortung* und Pflicht, die spontan anerkannt und praktiziert wird: die gegen die *Kinder*, die man gezeugt hat, und die ohne die Fortsetzung der Zeugung in Vor- und Fürsorge zugrunde gehen müssten. Zwar mag man für sein Alter von ihnen eine Gegenleistung für die aufgewandte Liebe und Mühe erwarten, aber dies ist gewiss nicht die Bedingung dafür, und noch weniger für die Verantwortung, die man für sie anerkennt und die vielmehr bedingungslos ist. Es ist dies die einzige von der *Natur* gelieferte Klasse völlig selbstlosen Verhaltens, und in der Tat ist dieses mit der biologischen Tatsache der Fortpflanzung gegebene Verhältnis zum unselbständigen *Nachwuchs*, und *nicht* das Verhältnis selbständiger Erwachsener (aus dem zwar die Idee von gegenseitigen Rechten und Pflichten hervorgeht), der Ursprung der Idee von Verantwortung überhaupt, und seine ständig fordernde Handlungssphäre ist der ursprünglichste Ort ihrer Betätigung. Ohne diese Tatsache und das mit ihr verbundene Geschlechtsverhältnis wäre weder die Entstehung weitschauender Vorsorge noch diejenige selbstloser Fürsorge unter Vernunftwesen, seien noch so gesellschaftlich, zu verstehen. [...] Hier ist der Archetyp alles verantwortlichen Handelns, der zum Glück keiner Deduktion aus einem Prinzip bedarf, sondern uns (oder wenigstens dem gebärenden Teil der Menschheit) von der Natur mächtig eingepflanzt ist. [...]

Was heißt »unverantwortliches Handeln«?

Der Glücksspieler, der im Kasino sein Vermögen aufs Spiel setzt, handelt leichtsinnig; wenn es nicht seines sondern eines Andern ist, dann verbrecherisch; aber wenn er Familienvater ist, dann unverantwortlich auch bei unstreitigem Eigentum und einerlei, ob er gewinnt oder verliert. Das Beispiel sagt: Nur wer Verantwortung hat, kann unverantwortlich handeln. [...]

Der waghalsige Fahrer ist leichtsinnig für sich, aber unverantwortlich, wenn er damit auch Passagiere gefährdet: durch ihre Aufnahme hat er auf Zeit und auf *eine* Sachwaltung beschränkt eine Verantwortung übernommen, die er sonst für diese Personen und für ihr sonstiges Wohlergehen nicht trägt. [...] In beiden Beispielen besteht ein definierbares, nicht-reziprokes *Verhältnis* der Verantwortung. Das Wohlergehen, das Interesse, das Schicksal Anderer ist, durch Umstände oder Vereinbarung, in meine Hut gekommen, was heißt, dass meine Kontrolle *darüber* zugleich meine Verpflichtung *dafür* einschließt. Die Ausübung dieser Macht ohne die Beobachtung der Pflicht ist dann »unverantwortlich«, das heißt, ein Bruch des Treueverhältnisses der Verantwortung. Eine deutliche Unebenbürtigkeit der Macht oder Befugnis gehört zu diesem Verhältnis.

(Hans Jonas: Das Prinzip der Verantwortung. Versuch einer Ethik für die technologische Zivilisation. Suhrkamp, Frankfurt am Main 1984, S. 84 f. und S. 176)

I)) **Fragen zur Textinterpretation**

- Was meint Jonas mit Nicht-Reziprozität der Verantwortung? Warum kann die Idee einer Zukunftsverantwortung nicht auf die Idee wechselseitiger Rechte und Pflichten zurückgeführt werden?
- Warum ist nach Jonas die Verantwortung der Eltern für ihre Kinder der Ursprung der Idee der Verantwortung überhaupt?
- Setzen Sie sich mit Jonas Annahmen einer völligen Selbstlosigkeit des Fürsorgeverhaltens und geschlechtsspezifischer Unterschiede in der Ausprägung dieses Verhaltens auseinander.
- Warum ist Verantwortung nach Jonas immer mit Macht gekoppelt? Sind Menschen, die sich nicht in der Rolle des Politikers befinden, von Verantwortung entlastet? Nennen Sie alltägliche Fälle, wo Sie selbst Einfluss auf andere gewinnen und deshalb Verantwortung tragen.
- Fassen Sie zusammen: Wodurch ist die Fürsorgeverantwortung nach Jonas gekennzeichnet?

Ist Fürsorge mit dem Moralprinzip der Autonomie verträglich?

Von manchen Ethikern wird eine eher kritische Position zum Fürsorgeverhalten vertreten. Herta Nagl-Docekal, eine österreichische Philosophin, setzt sich mit solchen Einwänden gegen das Prinzip der Fürsorge auseinander.

Q)) Wie erklärt sich nun Honneths Distanznahme vom Prinzip der Fürsorge? Sie ist von zwei Einwänden getragen: der eine moniert einen Verlust an
Autonomie, der andere diagnostiziert ein asymmetrisches Verhältnis. Der
erste Vorwurf bezieht sich zunächst auf ein Phänomen, das in der Tat kritik-
würdig ist: An der Realität fürsorglichen Verhaltens lässt sich häufig ein Zug   5
zur Entmündigung derjenigen, die einer Unterstützung bedürfen, beobachten. Gadamer hat dieses Problem in »Wahrheit und Methode« genau be-
schrieben:»Indem man den anderen versteht, ihn zu kennen beansprucht,
nimmt man ihm jede Legitimation seiner eigenen Ansprüche. Insbesondere
die Dialektik der Fürsorge macht sich auf diese Weise geltend, indem sie alle   10
mitmenschlichen Verhältnisse als eine reflektierte Form des Herrschaftsstre-
bens durchdringt. Der Anspruch, den anderen vorgreifend zu verstehen, erfüllt die Funktion, sich den Anspruch des anderen in Wahrheit vom Leibe zu
halten. Dergleichen ist etwa aus dem Erziehungsverhalten, einer autoritären
Form der Fürsorge, wohlbekannt.«   15
    Was hier beschrieben wird, ist meines Erachtens nicht die notwendige
Konsequenz des Prinzips Fürsorge, sondern eine Verzerrung desselben. Honneth scheint indessen davon auszugehen, dass Fürsorge stets Bevormundung
impliziert. [...]
    An dieser Stelle möchte ich zunächst festhalten, dass jeder Mensch   20
immer wieder in die Lage kommt, auf die Hilfe anderer angewiesen zu sein.
[...] Unter dieser Perspektive wird deutlich, dass eine Ethik, die sich auf das
Prinzip der Nichteinmischung beschränkt, unzureichend ist. [...]
    Wenn nun alle Menschen jeweils aufs neue der Hilfe anderer bedürfen,
so bedeutet dies nicht zwangsläufig, dass sie ihre Autonomie immer wieder   25
einbüßen. Hilfe zu leisten heißt, genau genommen, dass ich andere darin un-
terstütze ihre selbst gewählten Vorhaben zu realisieren. Wenn ich jemandem,
der Telefonieren möchte, einen Geldschein in Münzen wechsle, so ist dies
keine Bevormundung – im Gegenteil: ich mache, mit Kant gesprochen, den
Zweck der betreffenden Person zu meinem eigenen. [...] Eine Entmündigung   30
liegt nur dann vor, wenn ich nicht zur Kenntnis nehme, »welches die Zwecke
des anderen sind, oder dass es die des anderen sind«, wenn ich also anderen
meine Vorstellungen aufzwinge. [...]
    Honneth sieht allerdings Autonomie nicht nur auf seiten der Adressa-
ten von Hilfe gefährdet, sondern auch auf seiten der Helfenden. [...] Diese Be-   35
denken vermag ich nicht nachzuvollziehen. Hilfe zu leisten, heißt zwar, wie
oben notiert, dass ich den Zweck eines anderen zu meinem mache, doch das
bedeutet nicht, dass ich in Heteronomie gerate. Solange ich die Entscheidung
zu helfen selbst treffe, ist meine Autonomie gewahrt. [...]
    40

Festzuhalten ist freilich: Hilfe zu leisten, bedeutet auch dann, wenn ich mich aus freien Stücken dazu entscheide, in den meisten Fällen, dass ich meinen ursprünglichen Handlungsplan verändern muss. Wenn ich unterwegs für jemanden den Pannendienst verständige, erreiche ich mein Fahrziel später. Als eine Beeinträchtigung von Selbstbestimmung könnte das aber nur unter der Bedingung erscheinen, dass Autonomie mit Autarkie gleichgesetzt wird. Das wäre jedoch ein Missverständnis: Der philosophische Begriff »Autonomie« hat seine Pointe nicht wie der psychoanalytische in der Abschottung gegenüber anderen, sondern in der Freiwilligkeit des Handelns. Diese bleibt, wie gesagt, auch dann gewahrt, wenn ich mich dazu entschließe, anderen zu helfen.

Zusammenfassend lässt sich somit festhalten: Der Verdacht, Fürsorge bedeute eine Gefährdung von Autonomie, bestätigt sich nicht, es bleibt jedoch die Frage, welches Maß an Hilfeleistung sich die einzelnen zumuten können.

(Herta Nagl-Docekal: Ist Fürsorge mit Gleichbehandlung unvereinbar? Deutsche Zeitschrift für Philosophie. Heft 6, Berlin 1994, S. 1045 ff.)

I)) **Fragen zur Textinterpretation**
- Was versteht H. Nagl-Docekal unter Fürsorge, warum schließt eine Fürsorgebeziehung notwendig Asymmetrien in der Wahrnehmung von Verantwortung ein?
- Worin bestehen nach Honneth in ethischer Perspektive Gefahren des Fürsorgeverhaltens?
- Für welche Art von Fürsorge plädiert H. Nagl-Docekal? Warum ist ein wohlverstandenes Prinzip der Fürsorge mit dem Moralprinzip der Autonomie verträglich?
- Gibt es aus Ihrer Sicht dennoch Grenzen der Fürsorgeverantwortung, die in diesem Aufsatz von Nagl-Docekal eher am Rande erwähnt werden? Was ist das richtige Maß der Fürsorge für den Hilfsbedürftigen, und welches Ausmaß an Fürsorge darf dem Helfenden zugemutet werden?
- Inwiefern verändert sich die Argumentationsweise radikal, wenn der Hilfsbedürftige seine Wünsche nicht (nicht mehr) äußern kann?

A)) Anwendungsfall: Elterliche Fürsorge und Persönlichkeitsrechte
des Kindes

Q)) Unter Verweis auf die Persönlichkeitsrechte ihrer eineinhalbjährigen
Tochter hat eine Juristin ihr splitternacktes Kind bei 11 Grad Außentempera- 5
tur auf dem Fahrrad durch München gefahren. Das frierende Mädchen saß –
wie die Polizei gestern mitteilte – in dem auf dem Gepäckträger befestigten
Kindersitz. Als Beamte die Mutter stoppten, erklärte die 32-jährige Anwältin,
dass das Kind sich nicht anziehen lassen wollte. Sie als Mutter habe diesen
Wunsch zu akzeptieren. 10
(DPA-Meldung vom 17.10.2008)

Pro- und Contra-Argumentation

* Halten Sie die Argumente, die die Münchener Mutter den Beamten für
  ihr Verhalten gegeben hat, für akzeptabel? Begründen Sie Ihre Auffas- 15
  sung.
* Charakterisieren Sie das Wesen der elterlichen Verantwortung. Wann
  liegt auf Seiten der Eltern unverantwortliches Handeln vor?
* Konstruieren sie andere, strittige, Beispiele, wo Eltern mit Berufung
  auf ihre ureigenste Verantwortung in die Handlungsfreiheit von Kin- 20
  dern eingreifen. Versuchen Sie zu verallgemeinern: In welchen Fällen
  ist es Ihrer Meinung nach für Eltern geboten, in die Autonomie der eigenen Kinder einzugreifen? Wann liegt ein unzulässiger Eingriff, also
  unverantwortliches Handeln, vor?

25

30

35

40

2.5 Gesinnung versus Folgenverantwortung

E)) Auf die Frage »Wofür bin ich moralisch verantwortlich?« lässt sich die allgemeine Antwort geben: Verantwortlich bin ich für mein Tun, das heißt, für alle Handlungen, die mir zugerechnet werden können.

Allerdings bedarf diese Antwort der Präzisierung. Denn unter Umständen kann ich, wie im Falle verweigerter Hilfeleistungen, auch für das Unterlassen meiner Handlung zur Verantwortung gezogen werden. Zudem ist nicht jedes menschliche Tun gleichermaßen moralisch relevant. Zum Beispiel sind alltägliche Reproduktionstätigkeiten wie essen, schlafen oder waschen üblicherweise nicht Gegenstand moralischer Bewertung. Was macht mein Tun/ Unterlassen nun aber zu einem moralischen, wann liegt *moralisch verantwortliches* Handeln vor?

Zwei prinzipielle Antworten, die sich allerdings nicht notwendig ausschließen, sind möglich: Einmal könnte man als Maßstab die zugrunde liegende gute Gesinnung heranziehen. Ich handele verantwortlich, wenn ich mein Handeln an moralischen Wertmaßstäben – verinnerlichten Normen oder Prinzipien – ausrichte. Der andere Ausweg bestünde darin, die eingetretenen *Ergebnisse der Handlung* als Kriterien der Wahrnehmung von Verantwortung heranzuziehen. Hier bemisst sich meine moralische Verantwortung nicht an der guten Absicht, die meinem Handeln zugrunde liegt, sondern an den tatsächlichen Handlungsfolgen. Es handelt sich um zwei unterschiedliche Typen ethischen Argumentierens. Im ersten Fall spricht man von »*Gesinnungsethik*«, im zweiten Fall von »*konsequentialistischer Ethik*« oder »*Verantwortungsethik*«.

Diese Unterscheidung wurde erstmals vom deutschen Sozialwissenschaftler Max Weber in den Ethikdiskurs eingeführt. In seinem Text »Politik als Beruf« geht Weber der Frage nach, welche Art von Ethik für die Sphäre der Politik geeignet ist.

Gesinnungs- versus Verantwortungsethik

Q)) Also – die Ethik der Bergpredigt? Mit der Bergpredigt – gemeint ist die absolute Ethik des Evangeliums – ist es eine ernstere Sache, als die glauben, die die Gebote gern zitieren. Mit ihr ist nicht zu spaßen. [...]

Also z.B.: [...] »halte den anderen Backen hin!« Unbedingt, ohne zu fragen, wieso es dem andern zukommt, zu schlagen. Eine Ethik der Würdelosigkeit – außer für Heilige. Das ist es: man muss ein Heiliger sein in allem, zum mindesten dem Wollen nach, muss leben wie Jesus, die Apostel, der heilige Franz und seinesgleichen, dann ist die Ethik sinnvoll und Ausdruck einer Würde. Sonst nicht. Denn wenn es in der Konsequenz der akosmistischen Liebesethik heißt: »dem Übel nicht widerstehen mit Gewalt«, – so gilt für den Politiker umgekehrt der Satz: du sollst dem Übel gewaltsam widerstehen, sonst – bist du für seine Überhandnahme verantwortlich. [...] Aber nach »Folgen« fragt eben die absolute Ethik nicht.

Da liegt der entscheidende Punkt. Wir müssen uns klar machen, dass alles ethisch orientierte Handeln unter zwei voneinander grundverschiedenen, unaustragbar gegensätzlichen Maximen stehen kann: es kann »gesinnungsethisch« oder »verantwortungsethisch« orientiert sein. Nicht dass Gesinnungsethik mit Verantwortungslosigkeit und Verantwortungsethik mit Gesinnungslosigkeit identisch wäre. Davon kann natürlich keine Rede sein. Aber es ist ein abgrundtiefer Gegensatz, ob man unter der gesinnungsethischen Maxime handelt – religiös geredet -: »der Christ tut recht und stellt den Erfolg Gott anheim«, oder unter der verantwortungsethischen: dass man für die (voraussehbaren) Folgen seines Handelns aufzukommen hat. [...] Wenn die Folgen einer aus reiner Gesinnung fließenden Handlung üble sind, so gilt ihm [dem Gesinnungsethiker – W.L.] nicht der Handelnde, sondern die Welt dafür verantwortlich, die Dummheit der anderen Menschen oder – der Wille Gottes, der sie so schuf. Der Verantwortungsethiker dagegen rechnet mit eben jenen durchschnittlichen Defekten der Menschen, - er hat, wie Fichte richtig gesagt hat, gar kein Recht, ihre Güte oder Vollkommenheit vorauszusetzen, er fühlt sich nicht in der Lage, die Folgen des eigenen Tuns, soweit er sie voraussehen konnte, auf andere abzuwälzen. Er wird sagen: diese Folgen werden meinem Tun zugerechnet. »Verantwortlich« fühlt sich der Gesinnungsethiker nur dafür, dass die Flamme der reinen Gesinnung, zum Beispiel des Protestes gegen die Ungerechtigkeit der Ordnung, nicht erlischt.

(Max Weber: Politik als Beruf. Reclam, Stuttgart 1992, S. 68 ff.)

I))   Fragen zur Textinterpretation
- Worin unterscheidet sich nach Max Weber die verantwortungsethische von der gesinnungsethische Argumentation?
- Welches Beispiel einer Gesinnungsethik führt Weber an? Suchen Sie nach weiteren Beispielen aus dem weltlichen Bereich.
- Weshalb ist das Gebot des unbedingten Gewaltverzichts für die Sphäre der Politik nach Webers Auffassung nicht geeignet?
- Warum sollte dem Geschäft der Politik bei aller Notwendigkeit politischer Überzeugungen eine Verantwortungsethik zugrunde liegen?

- Welche Gründe könnten Weber bewogen haben, die Verantwortung des Politikers auf die absehbaren Folgen seines Handelns zu beschränken?
- Ist Politik ohne Gesinnung möglich? Welche Einwände lassen sich gegen Webers Konzept der Verantwortungsethik vorbringen?

Verantwortung und nicht voraussehbare Handlungsfolgen

Die Ethikerin Dagmar Fenner fragt, für welche Handlungsfolgen wir überhaupt moralisch die Verantwortung tragen. Sie schließt dabei an Webers Begriff der absehbaren Handlungsfolgen an.

Q)) Nur weil unser Handeln das Wohlergehen anderer Menschen beeinträchtigen kann, brauchen wir eine Moral als Gesamtheit der Normen, die das Zusammenleben regeln, und eine Moralphilosophie als Wissenschaft der Moral. Bei der ethischen Beurteilung einer Handlung zählt daher nicht nur die gute Absicht (»Gesinnungsethik«), sondern auch die Handlungsfolgen (»Konsequentialismus« ...). Da vieles beim alltäglichen Handeln oft anders kommt als geplant, hat eine Ethik zuallererst zu klären, für welche Handlungsfolgen wir verantwortlich sind [...]. Bei der *Absicht* oder *Intention* einer Handlung muss man unterscheiden zwischen dem *Handlungsziel* wie etwa dem Lindern der Schmerzen eines Patienten und den gewählten *Mitteln* der Zielverfolgung, beispielsweise dem Verabreichen schmerzlindernder Mittel durch den behandelnden Arzt. Oft sind mit dem Einsatz der Mittel, d.h. dem konkreten Verfolgen des Handlungsziels, negative Folgen verbunden wie etwa der Tod des Patienten als Nebenwirkung der ärztlichen Medikation. Für solche zwar nicht beabsichtigten, aber *vorausgesehenen* und in Kauf genommenen Folgen sind wir genauso verantwortlich wie für die direkt beabsichtigten Folgen. Bezüglich der *nicht vorausgesehenen Folgen* hingegen ist man nur verantwortlich für diejenigen, die man bei ausreichender Informationsbeschaffung hätte voraussehen können (»individuelles Wissensdefizit«), nicht aber für diejenigen, die zum gegebenen Zeitpunkt prinzipiell nicht vorhersehbar sind (»prinzipielles Wissensdefizit«). Verantworten müssen wir darüber hinaus die Schädigungen fremder Personen, die zwar nicht auf unser Handeln, aber unser *Unterlassen* zurückgeführt werden kann: Wer einen unabhängig von ihm ablaufenden Kausalprozess wie das Ertrinken eines Kindes zulässt, obwohl er es stoppen könnte, handelt moralisch verwerflich.
(Dagmar Fenner: Ethik. Wie soll ich handeln? A. Francke, Tübingen und Basel 2008, S. 218 f.)

Fragen zur Textinterpretation

- Warum muss nach Auffassung von Fenner die ethische Beurteilung einer Handlung immer Folgeüberlegungen einschließen?
- Erläutern sie die Unterscheidung von direkt beabsichtigten Handlungsfolgen und nicht direkt beabsichtigten, aber voraussehbaren Handlungsfolgen. Inwiefern können durch die eingesetzten Mittel unter Umständen Folgen entstehen, die das Handlungsziel gefährden?
- Worin unterscheidet sich das »individuelle Wissensdefizit« vom »prinzipiellen Wissensdefizit«?
- Warum ist nicht nur das Tun, sondern auch das Unterlassen Gegenstand unserer moralischen Verantwortung?

Gesinnung und Verantwortung

Der Philosoph Robert Spaemann kritisiert die starre Gegenüberstellung von Verantwortungsethik und Gesinnungsethik bei Max Weber.

Q)) Er [Max Weber] verstand unter Verantwortungsethik die Einstellung eines Menschen, der bei seinen Handlungen die Gesamtheit der voraussichtlichen Folgen in Betracht zieht, der also fragt, welche Folgen insgesamt unter dem Aspekt des Wertgehaltes der Wirklichkeit die besten sind und der dementsprechend handelt, und zwar auch dann, wenn er dabei etwas tun muss, was, wenn man es isoliert betrachtet, schlecht genannt werden müsste. Verantwortungsethisch handelt nach Weber zum Beispiel ein Arzt, der dem Patienten die Unwahrheit über seinen Gesundheitszustand sagt, weil er fürchtet, er werde die Wahrheit nicht vertragen; und verantwortungsethisch handelt der Politiker, der das Kriegspotential, ja die Bereitschaft, notfalls Krieg zu führen, stärkt, um dadurch eine Abschreckungswirkung zu erreichen und die Kriegswahrscheinlichkeit zu verringern.

Gesinnungsethisch dagegen handelt der Pazifist, der unter keinen Umständen bereit ist, zu töten, sogar dann nicht, wenn die Ausbreitung des Pazifismus auf der einen Seite die Kriegsgefahr erhöht. Er argumentiert, dass es keinen Krieg gäbe, wenn alle Pazifisten wären, und dass schließlich einmal einige damit anfangen müssten. [...]

Max Weber meinte, es handle sich um letzte Gegensätze, Gegensätze, die argumentativ nicht mehr ausgetragen werden könnten. [...]

Tatsächlich gibt es keine Ethik, die schlechterdings absähe von den Folgen einer Handlung, weil es gar nicht möglich ist, eine Handlung überhaupt zu definieren ohne Rücksicht auf bestimmte Wirkungen. Handeln heißt: Wirkungen hervorzubringen. Wer zum Beispiel jede Lüge für verwerflich hält, der sieht ja auch nicht von allen Folgen ab, sondern er zieht nur eine Folge in Betracht, nämlich genau jene, die die Lüge zur Lüge macht, die Täuschung, die Irreführung eines anderen Menschen. [...]

5 Nun ist es gar keine Frage, dass der größte Teil unserer Handlungen auf einer Abwägung der Folgen, bzw. der Abwägung der Güter beruht, die von den Folgen unserer Handlungen positiv oder negativ betroffen sind. Wir wägen Gewinn und Verlust gegeneinander ab. Der Arzt amputiert unter Umständen ein Bein oder entfernt eine Niere, um den übrigen Menschen zu retten [...] Hier
10 rechtfertigt zweifellos der Zweck das Mittel: Verantwortungsethik.

Aber wie steht es, wenn wir diese Denkweise beliebig fortsetzen? Nehmen wir an, der Arzt hat über die Gesundheit eines bösartigen Menschen zu wachen, der sich und seinen Mitmenschen auf die Nerven fällt, oder gar eines Verbrechers. Sollte der Arzt aus Verantwortung für die Gesamtheit der Folgen
15 seiner Handlung dem Patienten zu einer Therapie raten, die ihn möglichst bald unter den Rasen bringt? [...] Unserem Verständnis von ärztlicher Verantwortung widerspricht diese Auffassung radikal. Denn nach unserem Verständnis endet die Verantwortung des Arztes genau an dem Endziel, das Beste für die Gesundheit seines Patienten zu tun. [...]

20 [Die Folgenethik] scheitert [...] an der Komplexität und Undurchschaubarkeit der langfristigen Folgen unserer Handlungen. Wenn wir die Gesamtheit der Handlungsfolgen in Betracht ziehen müssten, kämen wir vor lauter Kalkulieren nicht mehr zum Handeln. Die Senkung der Kindersterblichkeit in armen Ländern hat oft langfristig katastrophale Folgen, diese aber führen
25 dann wiederum zu einem Druck, die Lebensverhältnisse insgesamt zu verbessern; ob das gelingt, ist offen. Was insgesamt am Ende überwiegt, wer will das beurteilen? Niemand könnte mehr handeln, wenn er zunächst zu einem solchen Urteil kommen müsste.

(Robert Spaemann: Moralische Grundbegriffe. Beck, München 2004, S. 63 ff.)

30

I)) **Fragen zur Textinterpretation**
* Warum ist die Gegenüberstellung von Gesinnungs- und Verantwortungsethik aus Sicht von Spaemann eher irreführend als erhellend?
* In welchen Fällen erscheint eine verantwortungsethische Argumentation,
35 die sich an der Abwägung tatsächlicher Folgen orientiert, sinnvoll?
* Warum erweist sich das Konzept der Folgenverantwortung aus Sicht von Spaemann für die Begründung ärztlicher Verantwortung in verschiedenerlei Hinsicht als unzureichend?
* Was kritisiert Spaemann an der Verabsolutierung der Folgenethik, wie
40 sie zum Beispiel im Utilitarismus vorgenommen wird?

A)) Anwendungsfall: Flugzeug in der Hand von Terroristen

Seit geraumer Zeit wird über die Notwendigkeit rechtlicher Regelungen für den Einsatz der Bundeswehr im Innern der Bundesrepublik Deutschland gestritten. Dieser Einsatz ist bis heute aus verfassungsrechtlichen Gründen verboten. Eine Änderung des Grundgesetzes, für die eine Zweidrittel-Mehrheit im Bundestag gebraucht würde, ist nicht in Sicht. Die Befürworter einer gesetzlichen Neuregelung verweisen jedoch darauf, dass der Staat in einer Notlage zum Handeln gezwungen sein könnte, nämlich dann, wenn ein Flugzeug in die Hand von Terroristen gelangen würde. Im folgenden konstruierten Fallbeispiel wird eine solche, durchaus mögliche, Notsituation durchgespielt:

Ein Flugzeug der Fluggesellschaft germanwings mit zirka 100 Passagieren an Bord befindet sich auf einem Inlandflug von Köln nach Leipzig. Kurz vor der Landung auf dem Flughafen Leipzig-Halle bricht jedoch plötzlich der Funkkontakt mit der Besatzung ab. Wenig später geht bei der Polizei ein Notruf ein, von einem Passagier des Flugzeugs heimlich per Handy abgesetzt. Das Flugzeug sei in der Hand von drei Terroristen. Es habe es einen Kampf gegeben, dabei sei der Pilot getötet, der Copilot verletzt worden, auch mehrere Passagiere, die der Besatzung zur Hilfe eilen wollten, hätten Verletzungen davon getragen.

Sofort nimmt beim Bundesinnenministerium eine für solche Fälle eingerichtete Sonderkommission zur Terrorismusabwehr die Arbeit auf. Die Lage stellt sich für den Einsatzleiter der Sonderkommission folgendermaßen dar:

Das Flugzeug – es wurde von der Luftüberwachung nördlich von Leipzig geortet – befindet sich offensichtlich auf dem Flug in Richtung Berlin. Zur Lagebeurteilung gehört, dass den Medien zwei Wochen zuvor eine Warnung zugespielt worden war: Die Hauptstadt Berlin werde das Ziel eines beispiellosen Anschlages werden, wenn sich Deutschland nicht sofort von seinem militärischen Engagement in Afghanistan verabschiede. Die Sonderkommission muss daher mit dem Schlimmsten rechnen. Deshalb wird die Hilfe des Verteidigungsministeriums angefordert. Zwei Abfangjäger, die sich in der Nähe von Leipzig auf einem Übungsflug befinden, werden daraufhin zur Beobachtung und Begleitung des Flugzeuges abgestellt. Zunächst versucht man, die Flugzeugentführer zur Aufgabe zu bewegen. Aber bereits die Kontaktaufnahme mit den Terroristen scheitert. Sie scheinen zu allem entschlossen zu sein. Im Moment fliegt das Passagierflugzeug südlich von Jüterborg über einem weitgehend unbewohnten Gebiet. In wenigen Minuten wird es jedoch den Großraum Berlin erreichen, wo im Rahmen eines Sportgroßereignisses mehrere Veranstaltungen stattfinden, die von tausenden Menschen frequentiert werden. Für eine geordnete Evakuierung der Menschenmassen fehlt die Zeit – außerdem ist bei Bekanntwerden der Gefahr zu befürchten, dass eine Panik ausbricht.

Der verantwortliche Einsatzleiter hat vom Innenminister freie Hand bekommen, nach Abwägung aller Umstände über das weitere Vorgehen selbst zu entscheiden. Sollte er den Befehl zum Abschuss des Flugzeuges geben, obwohl dieser Einsatz verfassungsrechtlich nicht gedeckt ist und unschuldige Menschen dabei sterben werden? Oder sollte er abwarten und damit in Kauf nehmen, dass dann möglicherweise durch den herbeigeführten Absturz des Flugzeuges über einer dichten Menschenmenge hunderte, ja vielleicht sogar tausende Menschen umkommen?

Pro- und Contra-Argumentation

- Welche Abwägungsprozesse über mögliche Folgen liegen der Entscheidung des Einsatzleiters zugrunde?
- Welche gesinnungsethischen Argumente sprächen gegen den Abschuss des Passagierflugzeuges?
- Wie würden Sie entscheiden, wenn Sie in der Situation des Einsatzleiters wären? Halten Sie den Abschuss des Flugzeuges für verantwortbar? Begründen Sie Ihre Auffassung unter Nutzung gesinnungs- bzw. verantwortungsethischer Argumente.

2.6 Rechtliche und moralische Verantwortung

E)) Bei der Suche nach Antworten auf die Frage, welche *Verantwortungsgründe* es gibt, ist der Unterschied von rechtlicher Verantwortung (Legalität) und moralischer Verantwortung (Moralität) zu beachten.

Eine Antwort im ersten Zugriff bestünde darin, dass ich dann für etwas verantwortlich bin, wenn dieses Etwas durch mein Handeln ursächlich beeinflusst wurde. Das, was geschehen ist, muss Resultat *meiner* Handlung sein *(kausale Handlungsverantwortung)*. Für das Verantwortlich-Machen im rechtlichen Sinne ist der Nachweis dieser Urheberschaft unabdingbar. Zudem muss das, was ich getan habe, unter das geltende Recht fallen. Daher gilt hier der Grundsatz: Wo kein positives Gesetz existiert, kein Kläger da ist oder kein hinreichender Beweis geführt werden kann, da kann niemand für seine Handlungen rechtlich zur Verantwortung gezogen werden.

Verantwortlich bin ich aber unter Umständen nicht nur für das, was ich getan habe, sondern auch für das, was zu tun ist *(Aufgabenverantwortung)*. Rechtlich gesehen muss das zu Tuende dabei allerdings unmittelbar im Bereich meiner Zuständigkeit und Handlungsmacht liegen. Insofern könnte ich zwar im Falle eines Vorbeifahrens am Unfallort, nicht aber im Falle einer verweigerten Spende für die Opfer einer Flutkatastrophe, wegen unterlassener Hilfeleistung juristisch zur Rechenschaft gezogen werden.

Im Rahmen des Konzepts *moralischer Verantwortung* reichen diese Gründe allerdings nicht aus. Hier wird mein normengerechtes Handeln darüber hinaus an einem übergreifenden Wertmaßstab ausgerichtet. Der Grund für diese Verantwortlichkeit liegt in einem *allgemein geltenden moralischen Prinzip*. Zudem muss dieser moralische Wertmaßstab verinnerlicht, zum Motiv meines Handelns geworden sein. Hingegen ist im rechtlichen Verständnis in der Regel eine äußerliche Normbefolgung (normenkonformes Verhalten) ausreichend. Nur im moralischen Sinne gibt es deshalb auch eine Verantwortung unabhängig von den geschriebenen Gesetzen eines Landes, unabhängig von einer Anklageerhebung und von ausreichenden Beweisen für die Schuld.

Diese Differenz von rechtlicher und moralischer Verantwortung wird auch von Dagmar Fenner betont. Aus ihrer Sicht gibt es vor allem einen charakteristischen Unterschied zwischen der moralischen und der rechtlichen *Motivation* zur Regelbefolgung:

Warum überhaupt moralisch sein?

Q)) Die nahe liegendste und simpelste Antwort auf die Warum-Frage lautet wohl: »Du sollst moralisch sein, um soziale Sanktionen zu vermeiden!«
Verstöße gegen die in einer Gemeinschaft anerkannten moralischen Normen werden in der Regel lediglich mit gesellschaftlicher Ächtung, Tadel oder Ausgrenzung quittiert [...]. Wo moralische Normen zusätzlich durch institutionelle Mechanismen des Strafrechts gesichert werden, sind sie zu juristischen Normen avanciert. Übertretungen werden dann mit Bußen oder Gefängnisstrafen geahndet. Vielleicht lässt sich ein amoralischer Mensch mit solchen Drohungen einschüchtern. Voraussetzung für den Erfolg dieser Argumentationsstrategie wäre auf jeden Fall ein bereits etabliertes Netz von Normen und ein entsprechendes Sanktionssystem. Das Grundproblem besteht aber [...] darin, dass man Menschen auf diese Weise höchstens zu einem moral *konformen* Verhalten animieren kann, das also nur vordergründig betrachtet moralisch ist: Obgleich die ausgeführten Handlungen nach außen alle Eigenschaften von moralischen Handlungen aufweisen, fehlt eine moralische Intention des Handlungssubjekts. Es führt die moralisch richtige Handlung nur aus, weil es dazu abgerichtet wurde. Moralisch handelt aber nur, wer aus Einsicht in die Richtigkeit bestimmter Normen handelt, d.h. weil er einsieht, dass sie die bestmögliche Form menschlichen Zusammenlebens garantieren. Eine unter Zwang und Sanktionsandrohung befolgte Moral wäre lediglich eine präkonventionelle heteronome Moral, d.h. eine fremdbestimmte Moral [...].

(Dagmar Fenner: Ethik. Wie soll ich handeln? A. Francke, Tübingen und
Basel 2008, S. 24)

I)) **Fragen zur Textinterpretation**
* Warum kann die nahe liegendste Antwort auf die Warum-Frage –
»man sollte eine Norm befolgen wegen angedrohter Sanktionen« –
nicht voll zufrieden stellen? Charakterisieren Sie das zu dieser Antwort
passende Menschenbild.
* Welche Unterschiede zwischen einem rechtskonformen Verhalten und
der moralischen Motivation macht Fenner geltend? Wodurch ist die
moralische Verantwortung bestimmt?
* Was versteht Fenner unter einer heteronomen, präkonventionellen
Moral? Stellen Sie den Zusammenhang zur Kantschen Unterscheidung
von Heteronomie und Autonomie her.

Rechtliche und moralische Verantwortung

Auch der Philosoph Klaus M. Kodalle geht in seinem Artikel zur Verantwortung auf den Unterschied von rechtlicher und moralischer Verantwortung ein. Neben Unterschieden in der Motivation weist er auf das unterschiedliche Ausmaß der Folgenverantwortung in beiden Modellen von Verantwortung hin.

Q)) Das Wort »Verantwortung« ist durchsetzt von Rechtsvorstellungen. Man hat auf die Entsprechung zu dem im römischen Rechtsleben geläufigen *respondere* verwiesen (antworten; vgl. engl. responsibility) und herausgearbeitet, Verantworten bedeute, eine Sache vor Gericht zu verteidigen bzw. ein Handeln in Reaktion auf eine Anklage zu rechtfertigen [...]. »Die rechtliche Verantwortung besteht darin, dass ein Rechtssubjekt ... eigenes bzw. fremdes Handeln ... zu vertreten hat, dass es dafür bzw. für Handlungsfolgen einstehen muss. Verantwortung ist hierbei Vorwerfbarkeit, Zurechenbarkeit einer Schuld oder Pflicht und/oder Haftung für Schäden« (Lenk 1991, 68). So verstanden ist Haftbarkeit intentionsunabhängig, denn auch die verschuldensunabhängige Produkt- bzw. Gefährdungshaftung ist unter dieser Rubrik zu berücksichtigen [...].

Kategorial ist die rechtliche Dimension der Verantwortung von der moralischen klar zu unterscheiden. Im wirklichen Leben indessen werden in einem Rechtsverfahren immer wieder auch moralische Gesichtspunkte einbezogen. Hat jemand moralisch lauter gehandelt, aber einen Schaden produziert, so wirkt sich das mildernd aus. Lässt hingegen seine Motivation moralisch unverantwortliche Züge erkennen, so kommt das bei der Beurteilung gewiss erschwerend hinzu. Wobei Vossenkuhl (1983, 139) einleuchtend herausarbeitet, dass und inwiefern ein Zusammenhang zwischen moralischer und rechtlicher Verantwortung nur im Hinblick auf denjenigen Teil der Handlungskonsequenzen besteht, die beabsichtigt waren [...]. Viele Fälle lassen sich konstruieren, nach denen ich mir moralisch nichts zuschulden kommen ließ, dennoch aber für verhängnisvolle Konsequenzen haftbar gemacht werde.

Rechtlich wird der Verantwortung durch Erkundung der Handlungsgründe nachgeforscht, wenn *faktisch* Folgen eingetreten sind oder sich abzuzeichnen beginnen, die als unzumutbar erachtet werden. Hinsichtlich der moralischen Dimension der Verantwortung ist das anders: Hier sind die *Gründe* vor allen empirische Folgen zu gewichten.
(Klaus M. Kodalle: Verantwortung. In: H. Hastedt; E. Martens (Hg.): Ethik. Ein Grundkurs. Rowohlt, Reinbek 1994, S. 186 f.)

I))   Fragen zur Textinterpretation

* Inwiefern erhält innerhalb der moralischen Verantwortungsbeziehung die Beachtung der Gründe für das Verhalten ein anderes Gewicht als innerhalb der rechtlichen Verantwortungsübernahme?

* Weshalb lässt sich andererseits die strafrechtliche Beurteilung von Schuld nie ganz von der Berücksichtigung der (moralischen) Motivation des Täters abtrennen?

* Warum kann ich unter Umständen rechtlich zur Verantwortung gezogen werden, obwohl mich moralisch keine Schuld trifft? Warum kann ich umgekehrt im rechtlichen Sinne freigesprochen werden und mich dennoch moralisch schuldig fühlen? Suchen Sie für beide Fälle nach Beispielen.

A))   Anwendungsfall: Folterandrohung für humane Zwecke?

Im Jahre 2002 ging ein Fall durch die Medien, der wie selten zuvor die öffentliche Meinung spaltete. Am 27. September war der 11-jährige Frankfurter Bankierssohn Jakob von Metzler entführt worden. Den Eltern ging eine Lösegeldforderung von einer Million Euro zu, die von ihnen auch umgehend gezahlt wurde, ohne dass sie ihren Sohn wieder bekamen. Der Polizei gelang es recht schnell, den Jura-Studenten Magnus Gäfgen als mutmaßlichen Entführer zu identifizieren. Trotz klarer Beweise, die für seine Tat sprachen, weigerte sich dieser jedoch, das Versteck des entführten Bankierssohns preiszugeben. Da seit dem Tag der Entführung schon einige Zeit vergangen war und man um das Leben des Kindes fürchtete, traf der Frankfurter Polizeivizepräsident als verantwortlicher Einsatzleiter eine folgenschwere Entscheidung. Er beauftragte den verhörenden Beamten damit, dem Entführer Folter anzudrohen, sollte er den Ort des Versteckes nicht verraten. Der Beamte nahm dabei in Kauf, gegen geltendes Recht zu verstoßen. Der Täter führte die Polizei daraufhin zu dem Versteck, in dem man den Leichnam des Kindes fand. Es war, erfuhr man später, schon zu Beginn der Entführung getötet worden. Magnus Gäfgen wurde 2003 zu einer lebenslangen Freiheitsstrafe verurteilt.

Damit war dem Rechtsprinzip aber noch nicht hinreichend Genüge getan. Gegen den Polizeivizepräsidenten wurde wegen der Folterandrohung umgehend ein Verfahren eröffnet, er verlor seine Dienststellung und wurde 2004 rechtskräftig zu 10800 Euro Schmerzensgeld auf Bewährung verurteilt.

Pro- und Contra-Argumentation

- Skizzieren Sie das Dilemma, in dem sich der Frankfurter Polizeipräsident und der von ihm beauftragte Beamte befanden. Warum liefen beide Gefahr, egal wie sie sich entschieden, Schuld auf sich zu laden? Welche Schuld wiegt Ihrer Meinung nach aus welchen Gründen schwerer?
- Hätte der verhörende Beamte aus Ihrer Sicht gegen die Weisung seines Vorgesetzten verstoßen sollen?
- Auf welches moralische Prinzip konnte sich der Polizeivizepräsident bei seiner Entscheidung berufen?
- War es dennoch richtig, dass sich der Polizeibeamte einem Gerichtsverfahren unterziehen musste? Welche Folgen hätte es, wenn geltende Rechtsvorschriften durch Beamte nach eigenem Gutdünken verletzt werden könnten?
- Fassen Sie zusammen: Aus welchen Gründen war die Vorgehensweise des Einsatzleiters moralisch verantwortbar/nicht verantwortbar?

3 Verantwortung wahrnehmen: Einige Diskussionsfelder

3.1 Mitmenschliche Verantwortung – Hilfsverpflichtungen

E)) Entscheidender Gegenstand moralischen Handelns ist unsere Verantwortung den Mitmenschen gegenüber. Dabei kann zunächst grob zwischen *negativen Pflichten* und *positiven Hilfsverpflichtungen* unterschieden werden.

Kaum strittig erscheint die Verpflichtung, mit meinen Handlungen anderen Menschen nicht zu schaden (negative Pflicht). *Verbote* wie die, andere nicht zu misshandeln, sie nicht zu töten, ihnen nicht ihr Eigentum zu stehlen, bilden den Hauptinhalt einer solchen minimalistisch verstandenen Ethik mitmenschlicher Verantwortung. Verpflichtungen dieser Art werden in der Ethik häufig unter dem Stichwort der Gerechtigkeit thematisiert. Es handelt sich um das, was ich anderen Menschen unbedingt schulde, worauf sie ein Recht haben, und was ich umgekehrt auch von ihnen berechtigt erwarten kann.

Allerdings ist mit solchen Bestimmungen die Debatte noch nicht zu Ende. Wie sich leicht nachweisen lässt, besitzt der Schadensbegriff, gerade in Anwendung auf den zwischenmenschlichen Bereich, nämlich unscharfe Ränder. In der Praxis kann die Schädigung anderer Menschen trotz bester Absichten nie ganz ausgeschlossen werden. Unser Handeln hat häufig neben den beabsichtigten Resultaten unbeabsichtigte Nebenfolgen. Das gilt besonders für Knappheitssituationen. Nehmen wir als Beispiel die Bewerbung um eine begehrte berufliche Position, aus der nur einer als Sieger hervorgehen kann, während die anderen leer ausgehen, was sie unter Umständen in existentielle Schwierigkeiten stürzt. Darf mich das Unglück anderer kalt lassen, nur weil es aus der Logik der Marktgesetze folgt?

Noch wesentlich umstrittener ist jedoch die Frage, ob es über diese negativen Pflichten hinausreichende aktive, auf die Gewährleistung des Glücks anderer gerichtete, Verpflichtungen gibt, die Gegenstand mitmenschlicher Verantwortung sein sollten. Bei diesen positiven Hilfspflichten kann wiederum zwischen zwei Typen von Handlungen unterschieden werden, wobei sich der begriffliche Unterschied in der Praxis der Wohltätigkeit manchmal verwischt.

1.	Ich wende aktiv *Leid* von den Betroffenen ab, und zwar geht es um Leid, dass *andere Menschen* mit ihrem Tun verursacht haben. An dieser Stelle hat etwa der Begriff der Zivilcourage seinen Platz. Ein Diskussionsproblem des Helfens ist hier unter anderem, inwieweit ich bei dieser engagierten Hilfeleistung zur Aufgabe eigener Interessen verpflichtet werden kann.

2.	Ich helfe dem Anderen aktiv bei der Verwirklichung seiner Vorstellungen vom guten Leben. Meine Hilfe betrifft das *Wohlergehen* des anderen. Hier wird nun allerdings ein weiteres Problem des Helfens in ethischer Perspektive sichtbar. Entgegen unserem intuitiv positiven Vorverständnis von Helfen muss dieses nämlich durchaus nicht immer moralisch vertretbar sein, insbesondere dann nicht, wenn man dabei seine Glücksvorstellungen dem Anderen aufzwingt oder ihn in dauerhafte Abhängigkeit von sich bringt.

Zwei Ansätze, solche Hilfsverpflichtungen zu begründen, ohne dass die oben dargestellten »ethischen Fallen des Helfens« dabei ignoriert werden, seien hier vorgestellt. Wir beginnen mit Kants Prinzipienethik. Kant sucht in seiner Moralphilosophie bekanntlich nach einem obersten Prinzip, das als Richtschnur für die Überprüfung des moralischen Gehalts unserer Handlungen dienen kann. Der von ihm entwickelte Kategorische Imperativ fordert von uns, zu überprüfen, ob unsere subjektive Maxime widerspruchsfrei verallgemeinerbar ist, d.h. für alle Menschen und für all unsere Handlungen jetzt und in Zukunft gelten könnte. Dieses Prinzip, das in der heutigen Ethik auch Universalisierungsgrundsatz genannt wird, wendet er unter anderem auf die Frage an, ob die Verweigerung von Hilfe in der Not moralisch gerechtfertigt ist.

Kants Universalisierungsgrundsatz

Q))	[Jemand denkt], dem es wohl geht, indessen er sieht, dass andere mit großen Mühseligkeiten zu kämpfen haben (denen er auch wohl helfen könnte): was gehts mich an? mag doch ein jeder so glücklich sein, als der Himmel will, oder er sich selbst machen kann, ich werde ihm nichts entziehen, ja nicht einmal beneiden; nur zu seinem Wohlbefinden oder seinem Beistande in der Not habe ich nicht Lust etwas beizutragen! Nun könnte allerdings, wenn eine solche Denkungsart ein allgemeines Naturgesetz würde, das menschliche Geschlecht gar wohl bestehen und ohne Zweifel noch besser, als wenn jedermann von Teilnehmung und Wohlwollen schwatzt, auch sich beeifert, gelegentlich dergleichen auszuüben, dagegen aber auch, wo er nur kann, betrügt, das Recht der Menschen verkauft, oder ihm sonst Abbruch tut. Aber, obgleich es möglich ist, dass nach jener Maxime ein allgemeines Naturgesetz wohl bestehen könnte: so ist es doch unmöglich zu WOLLEN, dass ein solches Prinzip als Naturgesetz allenthalben gelte. Denn ein Wille, der dieses beschlösse, würde sich selbst widerstreiten, in dem der Fälle sich doch manche ereignen können, wo er anderer Liebe und Teilnehmung bedarf, und wo er durch ein solches aus seinem eigenen Willen entsprungenes Naturgesetz sich selbst alle Hoffnung des Beistandes, den er sich wünscht, rauben würde. [...]

Wenn wir nun auf uns selbst bei jeder Übertretung einer Pflicht achthaben, so finden wir, dass wir wirklich nicht wollen, es solle unsere Maxime ein allgemeines Gesetz werden, denn das ist uns unmöglich, sondern das Gegenteil derselben soll vielmehr allgemein ein Gesetz bleiben; nur nehmen wir uns die Freiheit, für uns oder (auch nur dieses Mal) zum Vorteil unserer Neigung davon eine *Ausnahme* zu machen.

(Immanuel Kant: Grundlegung zur Metaphysik der Sitten. Reclam, Stuttgart 1996, S. 71 f.)

I)) Fragen zur Textinterpretation

- Wie lautet der von Kant entwickelte kategorische Imperativ? Warum wird Kants oberstes Sittengesetz auch Universalisierungsgrundsatz genannt?
- Welche – auch heute weit verbreitete – Art vorgeblicher Hilfe kritisiert Kant berechtigt?
- Warum ist die Hilfe in der Not dennoch moralisch geboten? Warum kann ich nicht wollen, dass die subjektive Maxime »Jeder ist seines eigenen Glückes Schmied – ich habe keine Verpflichtung, zur Linderung der Not anderer etwas beizutragen« als Verhaltensregel für alle gelten sollte?
- Wie erklärt Kant, dass Menschen manchmal Hilfsverpflichtungen verletzen? Warum berührt diese empirisch beobachtbare Tatsache der Verletzung der Norm die Gültigkeit der Kantschen Begründung mitmenschlicher Verantwortung nicht?

Ist Helfen Pflicht?

Dagmar Fenner ordnet die Hilfsverpflichtung als eingeschränkte Pflicht der Sphäre der Wohltätigkeit zu. Die Wohltätigkeit wird von ihr der Sphäre der Gerechtigkeit gegenübergestellt, die das umfasst, was wir anderen Menschen unbedingt schulden.

Q)) Wie bei der Begründung des Gerechtigkeitsprinzips kann man sich auf die moralische Grundforderung des unparteiischen Standpunkts berufen. Während diese Grundsituation beim Gerechtigkeitsprinzip auf die menschliche Grundsituation der sozialen Interaktion (Tausch, Verteilung, Konflikt) angewendet wird, bezieht man sie bei der Wohltätigkeit auf die anthropologische Grunderfahrung von Not und Hilfsbedürftigkeit. In asymmetrischen Situationen, in denen etwa ein Wohlhabender einem Bedürftigen begegnet, soll man sich wie beim Prinzip der »Goldenen Regel« in den anderen hineinversetzen und sich fragen: Wie möchte ich behandelt werden, wenn ich mich mit seinen Bedürfnissen und Interessen in dieser Notlage befände. [...] Wo ich jemandem helfen kann, ohne dass ich große Einbußen bezüglich meiner Eigeninteressen bzw. meines guten, glücklichen Lebens in Kauf nehmen muss, stellt sich das Unterlassen allerdings als Verletzung der Wohltätigkeit dar. Bleibe ich untätig, trage ich zwar nicht die kausale, aber die *normative Verantwortung* für die negativen Folgen meines Unterlassens. So könnte ich beispielsweise auf dem Fußweg zu Freunden, die mich zum Abendessen eingeladen haben, im reißenden Bach unter der Brücke ein ertrinkendes Kind erblicken. Obwohl ich auf das Essen verzichten muss und die Gastgeber womöglich in Besorgnis über mein Ausbleiben geraten, habe ich die Pflicht, das Kind zu retten. Denn der Genuss eines kurzen und prinzipiell wiederholbaren gemeinsamen Abendessens kann nicht den Wert eines menschlichen Lebens aufwiegen und mein Unterlassen mit negativen Folgen für andere rechtfertigen.

Nicht immer fällt die Interessenabwägung so deutlich aus wie bei existentiellen Grenzsituationen, in denen ein Menschenleben oder die menschliche Würde in Gefahr stehen. Es lassen sich für diesen Abwägungsprozess kaum allgemeine Regeln oder Kriterien angeben, so dass es letztlich eine Sache des individuellen moralischen Urteilsvermögens und Augenmaßes bleibt. Denn über die unterschiedlichen Interessenlagen hinaus differieren die praktischen Möglichkeiten der Hilfeleistung je nach physischen und psychischen Kräften, finanziellen und zeitlichen Mitteln sowie allfälligen anderen Pflichten. So hat eine Mutter mit drei kleinen Kindern nicht die Pflicht, einer alten, gebrechlichen Dame über die Straße zu helfen, auch wenn keine anderen Passanten herbeieilen. Die Sorgepflicht für ihre Kinder ist hier sicherlich vorrangig. Aber auch ein Nichtschwimmer ist schwerlich verpflichtet, ein ertrinkendes Kind zu retten. Denn eine unterlassene Hilfeleistung oder Wohltätigkeit liegt nur da vor, wo jemand tatsächlich die Not des anderen hätte verhindern können. Auch hier gilt selbstverständlich die [...] ethische Grundregel: Sollen impliziert Können. Weil die Hilfspflicht jedem nur im Rahmen der eigenen Möglichkeiten und in einem angemessenen Verhältnis zur Hilfsbedürftigkeit der Mitmenschen zukommt, zählte Kant sie zu den »unvollkommenen Pflich-

Verantwortung – ethische Grundfragen und Diskussionsfelder

ten«. Die Pflicht zur Hilfeleistung ist somit eingeschränkt auf Fälle, in denen die Interessenabwägung zugunsten des Hilfesuchenden ausfällt.

(Dagmar Fenner: Ethik. Wie soll ich handeln? A. Francke, Tübingen und Basel 2008, S. 199 ff.)

I)) **Fragen zur Textinterpretation**

- Inwieweit sind wir nach Auffassung von Dagmar Fenner zur Hilfe moralisch verpflichtet?
- Was ist darunter zu verstehen, dass ich zwar nicht in kausaler, aber normativer Hinsicht die Verantwortung für die Folgen meiner unterlassenen Hilfeleistung trage?
- Welche Abwägungsprozesse sind bei Hilfeleistungen vorzunehmen?
- Was versteht man in der Ethik unter einer unvollkommenen Pflicht, warum fällt die Hilfsverpflichtung unter diese Kategorie?
- Können Sie sich anknüpfend an die obige Argumentation Situationen vorstellen, in denen das Helfen als moralisch unverantwortlich zu bewerten wäre?

A)) **Anwendungsfall: Zivilcourage mit dem Leben bezahlt**

Der folgende bewegende Fall ereignete sich im September 2009 in der bayrischen Landeshauptstadt.

Q)) Wäre alles gut gegangen, hätte er sicher einen Preis für Zivilcourage verdient: Als Beschützer von Kindern, dessen Verhalten sich durch Verantwortungsbewusstsein auszeichnet. Doch nichts ist gut gegangen, im Gegenteil, das vorbildliche Einschreiten eines 50-jährigen Münchners gegen zwei 17 und 18 Jahre alte Jugendliche führte zum Gewaltrausch. [...]

Das Drama um den Geschäftsmann begann am Sonnabend gegen 15.45 Uhr am S-Bahnhof Donnersberger Brücke in München. Dort bekam er mit, wie drei Jugendliche im Alter von 17 und 18 Jahren auf vier Teenager einredeten. Die Älteren wollten von den 13- bis 15-Jährigen Geld erpressen, um etwa 15 Euro soll es gegangen sein. Der Mann, über dessen Identität sich die Polizei mit Rücksicht auf die Angehörigen ausschweigt, ging dazwischen. Er wies die Erpresser zurecht, bot den Teenagern Schutz an und alarmierte die Polizei.

Doch als zehn Minuten später eine Streife am S-Bahnhof Donnersberger Brücke ankam, saßen sowohl zwei der drei Angreifer als auch der Geschäftsmann und die Teenager schon in der S7 Richtung Wolfratshausen. Der

50-Jährige hatte den Kindern angeboten, sie unter seinen Schutz zu nehmen und bis zu seinem Zielbahnhof Solln mitzunehmen.

Als die S-Bahn nach zehnminütiger Fahrt in Solln ankam, eskalierte die Situation, wie Zeugen später der Polizei berichteten. Zunächst versuchten der 17-Jährige und der 18-Jährige, die vier Kinder anzugreifen, was der 50-Jäh- 5 rige abwehren konnte. Dann nahmen sie sich den Verteidiger vor. Zuerst prügelten sie mit Fäusten solange auf ihn ein, bis er zu Boden ging. Dann schlugen und traten sie auf ihr wehrloses Opfer ein. Durch die Tritte gegen den Kopf verlor der Mann noch auf dem Bahnsteig das Bewusstsein. Wenige Stunden später starb er im Krankenhaus. 10

Gegenüber der Polizei verweigerten die zwei Jugendlichen jede Aussage. Beide sind vorbestraft, haben bereits Anwälte und kennen ihre Rechte.

(Ralf Isermann: Zivilcourage mit Leben bezahlt. LVZ vom 14.09.09, S. 32)

Pro- und Contra-Argumentation

15

- Nehmen Sie die Gesamtsituation in den Blick: Wer hat in diesem Fall neben den beiden Tätern unter Umständen unverantwortlich gehandelt?

- Der Geschäftsmann Dominik Brunner wurde postum für sein Handeln mit dem Bundesverdienstkreuz geehrt. Es gab aber auch einzelne 20 kritische Wortmeldungen zu dessen Verhalten. Wie ist Ihre Position: hat der 50-jährige Münchener Familienvater verantwortlich gehandelt, obwohl er dabei sein Leben verlor?

- Können wir dazu verpflichtet werden, für Andere unser Leben aufs Spiel zu setzen? 25

30

35

40

3.2 Selbstverantwortung – Verantwortung für das eigene Leben

E)) Wird die Forderung nach Wahrnehmung der moralischen Verantwortung gestellt, hat man oft nur die – im vorhergehenden Abschnitt näher beleuchtete – mitmenschliche Verantwortung im Blick. Diesem verbreiteten Verständnis folgend nehmen einige Ethiker die Pflichten gegen sich selbst gänzlich aus dem Bereich des moralisch Gebotenen, für das man sich gegenüber anderen rechtfertigen müsste, heraus und verweisen sie in den Bereich des bloß subjektiv Erstrebenswerten.

Für andere Ethiker hingegen machen die *Pflichten gegen sich selbst* einen wesentlichen Teil der moralischen Verantwortung des Menschen aus. Man versteht darunter moralische Gebote, die sich auf die bewusste Gestaltung des eigenen Lebens beziehen, angefangen von der Pflicht zur Selbsterhaltung (*Lebenserhaltungspflicht*) über die Pflicht, etwas aus seinem Leben zu machen (*Entfaltungspflicht*) bis hin zu Pflicht, Vorkehrungen für Krankheit und Alter zu treffen (*Vorsorgepflicht*).

Einer derjenigen Philosophen, der eine sehr weit gehende Konzeption menschlicher Selbstverantwortung entwickelt hat, ist Immanuel Kant. Er nutzt für die Begründung solcher Verpflichtungen gegen sich selbst den von ihm entwickelten Kategorischen Imperativ (vgl. zu dessen Inhalt auch Abschnitt 3.1).

Die Pflicht zur Entfaltung glücklicher Naturanlagen

Q)) [Jemand] findet in sich ein Talent, welches vermittelst einiger Kultur ihn zu einem in allerlei Absicht brauchbaren Menschen machen könnte. Er sieht sich aber in bequemen Umständen und zieht es vor, lieber dem Vergnügen nachzuhängen, als sich mit Erweiterung und Verbesserung seiner glücklichen Naturanlagen zu bemühen. Noch fragt er aber: ob außer der Übereinstimmung, die seine Maxime der Verwahrlosung seiner Naturgaben mit seinem Hange zur Ergötzlichkeit an sich hat, sie auch mit dem, was man Pflicht nennt, übereinstimme. Da sieht er nun, dass zwar eine Natur nach einem solchen allgemeinen Gesetze immer noch bestehen könne, obgleich der Mensch [...] sein Talent rosten ließe und sein Leben bloß auf Müßiggang, Ergötzlichkeit, Fortpflanzung, mit einem Wort auf Genuss zu verwenden bedacht wäre; allein er kann unmöglich WOLLEN, dass dieses ein allgemeines

Naturgesetz werde, oder als ein solches in uns durch Naturinstinkt gelegt sei. Denn als ein vernünftiges Wesen will er notwendig, dass alle Vermögen in ihm entwickelt werden, weil sie ihm doch zu allerlei Absichten dienlich und gegeben sind.

(Immanuel Kant: Grundlegung zur Metaphysik der Sitten. Reclam, 5
Stuttgart 1996, S. 70 f.)

I)) **Fragen zur Textinterpretation**

- Wie beschreibt Kant den Menschen, warum neigt er mitunter dazu, seine glücklichen Naturanlagen zu vernachlässigen? 10
- Zeigen Sie an Beispielen herausragender menschlicher Leistungen, warum diese ohne harte tägliche Arbeit an den eigenen Fähigkeiten nicht möglich gewesen wären.
- Inwiefern können wir, wenn wir uns von vernünftigen Überlegungen leiten lassen, eigentlich nicht wollen, dass unsere besonderen Naturanlagen vernachlässigt werden? 15
- Warum wird die Verpflichtung zur Entfaltung glücklicher Naturanlagen wie auch die Pflicht zur Hilfe in der Not von Kant dennoch zu den unvollkommenen Pflichten gerechnet?

20

Gemeinwohl und Selbstverantwortung

Der Philosoph Hermann Lübbe fragt danach, wie in modernen komplexen Gesellschaften das Gemeinwohl gewährleistet werden kann. Er vertritt 25 die These, dass die Gemeinwohlsicherung nicht allein den Institutionen des Staates überlassen werden könne, sondern es zu einem Ausbau der individuellen Freiheitsrechte und damit der Selbstverantwortung des einzelnen kommen müsse.

30

Q)) Modernitätsspezifische Freiheitszuwächse erhöhen eo ipso den Zwang zu moralisch selbstbestimmer Lebensführung, und politische, auch pädagogische Programme zur Entlastung der Bürger von diesem freiheitsbedingten Zwang beeinträchtigen eo ipso das Gemeinwohl. »Freiheit« ist in diesem Zusammenhang der Inbegriff unserer individuellen Dispositionsmöglichkeiten. 35 Als Messgrößen der so verstandenen Freiheit ließen sich mit einem mir unvergessenen Diktum Theodor W. Adornos Zeit und Geld benennen. Das klingt nicht feierlich, bringt aber spontan zur Evidenz, dass, mit dem Maß unserer temporalen und monetären Dispositionsmöglichkeiten gemessen, noch nie

40

eine Zivilisationsgenossenschaft freier als die unsrige gelebt hat. Im historischen Vergleich einiger elementarer Daten der Sozialgeschichte bedeutet das: Während wir noch im Zeitalter der Frühindustrialisierung sechzehn bis siebzehn Prozent unserer Lebenszeit mit Berufsarbeit im engeren, arbeitsrechtlichen Sinne verbrachten, ist der entsprechende Anteil inzwischen auf etwa 8 Prozent abgesunken. Die Zahl der berufstätig verbrachten Arbeitsstunden sank im Verlauf von fünf Vierteljahrhunderten bis zur Gegenwart in hochentwickelten Ländern ungefähr um ein Drittel. Hierbei sind mehrere Faktoren wirksam – von der steigenden Lebenserwartung über die expandierenden Schul- und Ausbildungszeiten bis hin zur technisch und organisatorisch gesteigerten Produktivität, die über höhere Löhne einerseits und Arbeitszeitreduktion andererseits abgeschöpft wird.

Die lebenspraktische Bedeutung dieses Wachstums disponibler Lebenszeitanteile lässt sich empathisch folgendermaßen ausdrücken: Nie dehnten sich zivilisationsgeschichtlich die Lebenszeitanteile weiter als heute, in denen nichts geschähe, wenn es nicht selbstbestimmt geschähe. Das Insgesamt der Regeln selbstbestimmter Lebensführung ist es aber, was wir Moral nennen. Das eben bedeutet: Je freier wir leben, um so nötiger wird die Moral. Das, noch einmal, ist ein struktureller Zusammenhang und somit nichts, was sich in Abhängigkeit von den kontingenten Schwankungen eines Zeitgeistes manifestierte.

Der sich freiheitsabhängig verschärfende Zwang zur Moral setzt sich produktiv um in allerlei Zumutungen strengerer Erfüllung der Pflichten gegen uns selbst. Man bemerke den Aburteilsdruck, unter den unsere Raucher geraten sind. Öffentliche Gebäude sind für sie, rauchend, unbetretbar geworden. Für öffentliche Verkehrsmittel, Flugzeuge oder Trams, gilt dasselbe. Die vor dreißig Jahren einmal als Beitrag zur Förderung der Emanzipation eingerichteten Raucherzimmer in öffentlichen Schulen sind längst wieder geschlossen. Wer dennoch rauchen möchte, muss es zu Hause tun oder sich in eine Straßenecke zurückziehen. Noch einmal: Diese Zumutungen individueller Verhaltensänderungen haben öffentlichen Charakter. Sie sind sozial kontrolliert, partiell sogar institutionell konstituiert.

Durch die öffentliche Moral angesonnene rigorosere Erfüllung von Pflichten gegen uns selbst – darum handelt es sich also. Über Raucher hinaus sind auch die Unmäßigen aller Art betroffen – diejenigen sogar, die man in den USA unbarmherzig die »Fetten« nennt. Statistiker wollen wissen, dass die Anstellungschancen von Hochschulabsolventen proportional zum wachsenden Leibesumfang sinken. Alkoholiker und Drogenabhängige, gewiss, gelten als therapiebedürftige Kranke. Um so rigoroser werden in anspruchsvollen familiären und beruflichen Milieus suchtrisikoträchtige Verhaltensweisen moralisch beurteilt und sozial kontrolliert.

(Hermann Lübbe: Gemeinwohl als Aufgabe der Ordnungspolitik. In: Herfried Münkler; Harald Blum (Hg.): Gemeinwohl und Gemeinsinn. Zwischen Faktizität und Normativität. Akademie, Berlin 2002, S. 300 ff.) 5

I)) Fragen zur Textinterpretation

- Was versteht Lübbe im Kontext dieses Textes unter Freiheit?
- Welche Belege für die These, dass in unserer Kultur im historischen 10 Vergleich ein Höchstmaß an individueller Freiheit Wirklichkeit geworden sei, führt er an?
- Warum geht nach Auffassung von Lübbe mit dem Ausbau der individuellen Freiheiten zugleich ein Zwang zur Moral der Selbstverantwortung einher? 15
- Welche Beispiele werden von Lübbe für dieses neue In-die-Pflicht-Nehmen der Individuen bezogen auf die Gestaltung des eigenen Lebens genannt? Nennen Sie weitere Beispiele, etwa solche, die sich aus den Anforderungen flexibilisierter Arbeitsmärkte oder der heute im Durchschnitt höheren Lebenserwartung ergeben. 20
- Was lässt sich kritisch gegen Lübbes Auffassung vorbringen? Diskutieren Sie, ob das rigorose Einfordern solcher Verpflichtungen gegen sich selbst nicht zu neuen Diskriminierungen und Freiheitsbeschränkungen führt.

25

A)) Anwendungsfall: Patientenverfügung als Pflicht?

Für Kant gehörte es zu den Pflichten gegen sich selbst, sich nicht wegen momentaner Schwierigkeiten das Leben zu nehmen. Heute ergeben 30 sich im Zusammenhang mit der Pflicht zur Lebenserhaltung jedoch neue Fragen. Bedingt durch die Fortschritte der Apparatemedizin kann der schwerstkranke Mensch unter Umständen noch lange am Leben gehalten werden. Es sind inzwischen Beispiele bekannt, wo Koma-Patienten 20 Jahre und länger im Koma lagen, ohne dass die behandelnden Mediziner es wagten, diesem 35 Martyrium ein Ende zu setzen. Unter Umständen ist also ein langes Dahinsiechen und unwürdiges Ausgeliefertsein an technische Instrumente möglich. In bestimmter Hinsicht lebt der Mensch zwar noch, aber ihm ist die Entscheidung über die Gestaltung des eigenen Lebens dauerhaft aus der Hand genommen. 40

Verantwortung – ethische Grundfragen und Diskussionsfelder

Deshalb lautet die Frage: Sollten wir für solche Fälle vorsorgen und in Ausübung unserer Selbstverantwortung eine Patientenverfügung verfassen?

Zunächst zu den Tatsachen: In Deutschland haben bereits zirka 8 Millionen Menschen eine Patientenverfügung abgeschlossen. Zudem wurde 2009 ein Gesetz beschlossen, dass erstmals eine gewisse Verbindlichkeit des Patiententestaments für die behandelnden Ärzte vorschreibt.

Dennoch bleibt der Abschluss einer Patientenverfügung in ethischer Perspektive umstritten. Befürworter betonen, dass wir dann, wenn wir infolge von Unfällen, Schlaganfällen und ähnlichem die Entscheidungen über die Fortsetzung/ den Abbruch der medizinischen Behandlung nicht mehr fällen können, eine Patientenverfügung aber nicht vorliegt, den behandelnden Ärzten und nahen Angehörigen eine schwere Last aufbürden. Das heißt, wir verlagern eine der folgenschwersten Entscheidungen, die Menschen treffen können, die Entscheidung über ihr Leben (in Würde), auf andere. Gegner dieser Position betonen demgegenüber, welche Missbrauchsmöglichkeiten sich durch die Patientenverfügung eröffnen. Der Abschluss einer solchen Verfügung könnte etwa dem Druck der Angehörigen entspringen, die sich eine lange Pflegezeit (und vielleicht auch ein langes Warten auf ihr Erbe) ersparen wollen. Zudem bestünde die Gefahr, dass die menschliche Lebenserhaltung noch stärker als bisher von ökonomischen Erwägungen – intensivmedizinische Betreuung ist teuer – abhängig gemacht würde.

Pro- und Contra-Argumentation

• Erkundigen Sie sich: Wer kann eine Patientenverfügung verfassen, für welche medizinischen Fälle ist eine Patientenverfügung unter Umständen sinnvoll?

• Was sollte alles in eine Patientenverfügung aufgenommen werden (Hinweis: Sie finden hierzu im Internet verschiedene Vordrucke)?

• Überprüfen Sie die im obigen Text gegen den Abschluss einer Patientenverfügung vorgebrachten Einwände. Suchen Sie nach weiteren Gegenargumenten.

• Ein Einwand betrifft die Missbrauchsgefahren. Welche Vorkehrungen wären zu treffen, um einen solchen Missbrauch der Patientenverfügung auszuschließen?

• Begründen Sie zusammenfassend, warum Sie für/gegen die Einführung einer Pflicht zum Abschluss einer Patientenverfügung als Ausdruck wahrgenommener Selbstverantwortung sind.

3.3 Verantwortung für Benachteiligte – Verpflichtungen gegenüber Behinderten

E)) Im gesellschaftlichen Leben können Menschen aus unterschiedlichen Gründen – etwa wegen ihres Geschlechts, ihrer sexuellen Orientierung oder ihrer Hautfarbe – *benachteiligt* sein. Ein besonders schwerwiegendes Handicap stellt die körperliche oder geistige Behinderung dar.

In der Bundesrepublik Deutschland ist ein Anti-Diskrimierungsgesetz in Kraft, das solche Benachteiligungen im öffentlichen Leben unter Strafe stellt. Sind diejenigen, die sich an die Gesetze halten, damit von jeglicher weitergehender Verantwortung entlastet?

Um diese Frage zu beantworten, sollte zunächst zwischen *formell-rechtlicher* und *faktischer Gleichstellung* unterschieden werden. Mit rechtlichen Regulierungen lassen sich immer nur bestimmte krasse Fälle von Normverletzungen ausschließen. Viele alltägliche Erscheinungen von Diskriminierung im privaten und wirtschaftlichen Leben werden damit gar nicht erfasst. So gibt es in Deutschland trotz rechtlicher Gleichstellung immer noch starke Unterschiede im Arbeitseinkommen nach Geschlechtern. Um solchen Missständen entgegenzuwirken, bleibt das moralische Engagement des einzelnen wichtig.

Das ist aber nur der erste Teil der Antwort: Das rechtliche Verbot von Diskriminierungen folgt nämlich selbst aus einem moralischen Grundsatz. Zugrunde liegt das Prinzip der *Gleichbehandlung*, verstanden im Sinne von Chancengleichheit. Die Grundidee lautet: Wir alle sollen die gleiche Chance haben, uns die notwendige Bildung anzueignen, einen Beruf unserer Wahl zu ergreifen, eine bestimmte gesellschaftliche Position zu besetzen etc. Da begehrte Positionen natürlich knapp sind, sollen die Fähigsten in diesem gesellschaftlichen Wettbewerb die besten Plätze erringen. Kritiker dieses Prinzips verweisen jedoch darauf, dass mit diesem Prinzip die vorhandenen – sozial bzw. natürlich bedingten – Benachteiligungen kaum abgebaut, ja diese sogar unter Umständen zementiert werden.

Deshalb wird in der ethischen Literatur die Frage diskutiert, ob über die rechtliche Gleichstellung von benachteiligten Gruppen hinaus eine *Bevorzugung* dieser Gruppen gerechtfertigt ist. Für Menschen mit Behinderung wäre die Frage so zu präzisieren: Sind zum Abbau solcher Handicaps besondere Hilfeleistungen von Seiten der Gesellschaft und des Einzelnen moralisch geboten?

Einer derjenigen Philosophen, der sich mit der besonderen Verantwortung, die wir bezogen auf Menschen mit Behinderung haben, auseinandersetzt, ist der australische Philosoph Peter Singer. Den Ausgangspunkt seiner Argumentation bildet sein *Moralprinzip gleicher Interessenabwägung*. Es beinhaltet, kurz gesagt, dass jeder Mensch, unabhängig von seinen natürlichen Fähigkeiten, insbesondere auch dem Grad der Intelligenz, Anspruch auf Beachtung seiner grundlegenden Interessen hat. Die Interessen jedes Menschen sind in gleicher Weise auf der Waagschale zu berücksichtigen. Dieses Prinzip geht, betont Singer, weit über das Prinzip der formellen Chancengleichheit hinaus. Um vorhandene Benachteiligungen bestimmter Gruppen abzubauen, hält Singer nämlich mehr als ein rechtliches Diskriminierungsverbot für erforderlich. Vielmehr plädiert er für *affirmatives Handeln*, worunter er eine Bevorzugung Benachteiligter versteht.

Gleichheit und Behinderung

Q)) Wie irrelevant der IQ oder besonders ausgeprägte Fähigkeiten für das moralische Gleichheitsprinzip sind, wird am deutlichsten, wenn man die Situation körperlich oder geistig Behinderter betrachtet. Wenn wir darüber nachdenken, wie solche Menschen behandelt werden sollen, dann steht nicht zur Diskussion, ob sie in gleicher Weise befähigt sind wie Nicht-Behinderte. Definitionsgemäß fehlt ihnen die eine oder andere Fähigkeit, die normale Menschen besitzen. Diese Behinderungen bedeuten gelegentlich, dass sie anders zu behandeln sind als die meisten anderen. Wenn wir einen Feuerwehrmann suchen, können wir mit Recht jemanden ausschließen, der an einen Rollstuhl gefesselt ist; und wenn wir einen Korrektor suchen, braucht sich ein Blinder nicht zu bewerben. Aber die Tatsache, dass eine spezifische Behinderung jemanden für eine bestimmte Position nicht in Frage kommen lässt, bedeutet nicht, dass die Interessen des Betreffenden weniger sorgfältig abzuwägen sind als die jedes andern. Sie rechtfertigt auch keinerlei Diskriminierung gegen Behinderte in Situationen, in denen eine spezifische Behinderung für die angebotene Beschäftigung oder Dienstleistung nicht relevant ist. [...]
Es ist daher sicherzustellen, dass die Gesetzgebung, die Diskriminierung aufgrund von Rasse, ethnischer Zugehörigkeit oder Geschlecht verbietet, in gleicher Weise Diskriminierung aufgrund von Behinderung verbietet, falls nicht gezeigt werden kann, dass die Behinderung für die angebotene Beschäftigung oder Dienstleistung relevant ist.
Aber das ist nicht alles: Viele der Argumente, die im Falle der durch Rasse oder Geschlecht Benachteiligten für das affirmative Handeln vorgebracht werden, treffen in noch stärkerem Maße für Behinderte zu. Bloße Chancengleichheit reicht nicht aus in Situationen, in denen es eine Behinde-

rung unmöglich macht, dass die betreffende Person ein gleichberechtigtes
Mitglied der Gemeinschaft wird. Behinderten Chancengleichheit für den Uni-
versitätsbesuch zu gewähren ist nicht sehr sinnvoll, wenn etwa die Bibliothek
nur über ein Treppenhaus zugänglich ist, das sie nicht benutzen können.
Viele behinderte Kinder sind fähig, vom normalen Unterricht zu profitieren,   5
können aber daran nicht teilnehmen, weil zusätzliche Hilfestellungen für ihre
speziellen Bedürfnisse fehlen. Da die Erfüllung solcher Bedürfnisse für das
Leben der Behinderten oft zentrale Bedeutung hat, wird ihnen nach dem
Prinzip der gleichen Interessenabwägung ein viel größeres Gewicht zukom-
men als den geringeren Bedürfnissen anderer. Deshalb ist es im allgemeinen   10
gerechtfertigt, für Behinderte mehr auszugeben als für die andern. Wieviel
mehr genau, ist natürlich eine schwierige Frage. Wo die Mittel knapp sind,
muss es eine Grenze geben.

(Peter Singer: Praktische Ethik. Reclam, Stuttgart 1994, S. 77 ff.)

15

I)) Fragen zur Textinterpretation
* Was versteht Peter Singer unter Gleichheit? Warum bedeutet Gleichheit
  der Interessenabwägung für ihn nicht zwangsläufig Gleichmacherei?
* Inwiefern folgt aus Singers Prinzip gleicher Interessenabwägung ein
  Verbot der Diskriminierung von Menschen mit Behinderungen?   20
* Warum erweist sich das Prinzip der formellen Chancengleichheit unter
  Gerechtigkeitsgesichtspunkten als unzureichend? Welche Benachteili-
  gungen von Behinderten bleiben selbst bei rechtlich abgesicherter
  Chancengleichheit unthematisiert?
* Was versteht Peter Singer unter affirmativem Handeln? Warum ist af-   25
  firmatives Handeln bezogen auf Menschen mit Behinderungen gerechtfertigt?
* Gibt es dennoch Grenzen für unsere Verantwortung behinderten Menschen gegenüber? Welche werden durch Singer in Betracht gezogen?
* Recherchieren Sie im Internet, warum die Singersche Position trotz sei-   30
  ner Bejahung besonderer Hilfeleistungen für Behinderte umstritten ist
  und sie insbesondere von Behindertenorganisationen massiv in Frage
  gestellt wird.

35

Ist eine advokatorische Ethik möglich und notwendig?

Ein generelles Problem der Hilfe für Benachteiligte besteht darin, dass
die Hilfeleistungen manchmal mit einer Bevormundung der Hilfsbedürftigen
verbunden sind (»paternalistische Fürsorge«). Verschärft wird das Problem   40

dann, wenn Menschen, wie in manchen Fällen geistiger Behinderung, dauerhaft in ihrer Selbstbestimmung eingeschränkt sind. Hier ist eine stellvertretende (*advokatorische*) Wahrnehmung von Verantwortung geboten. Der Sozi-
alphilosoph Micha Brumlik untersucht, welche Prinzipien eine solche
5 advokatorische Ethik enthalten sollte.

Q)) Die Frage nach der Möglichkeit einer advokatorischen Ethik weist auf
eine Verunsicherung im Handeln hin. [...] Im Bereich der Pädagogik bezieht
sich die Frage nach einer advokatorischen Ethik auf das Problem, ob und in
10 welchem Ausmaß wir als Pädagogen dazu verpflichtet sind, anderen dazu zu
verhelfen, sie selbst zu werden. Ob wir die Anderen mit einer solchen Vorgabe
nicht bereits unbefragt entmündigt haben und eine solche Ethik nur als
Deckmäntelchen zur Durchsetzung eigener Interessen missbrauchen, ist die
Frage, der sich jede advokatorische Ethik zu stellen hat. Ist sie also wirklich
15 mehr, als jener Pfadfinder, der die sprichwörtliche alte Dame auch dann auf
die andere Seite der Straße bringt, wenn sie es gar nicht will? [...]
    1. Was heißt: Advokatorische Ethik?
    [...] Bei der Klärung des Begriffs »advokatorisch« können wir zunächst
am alltagssprachlichen Begriff des Advokaten anknüpfen, also an den durch
20 diesen Begriff bezeichneten Vertreter eines Berufsstandes, der – durch einen
Klienten beauftragt – dessen Interessen in einem juristischen Streit vertritt
und zwar genau deshalb, weil er hierzu besser als der Klient in der Lage ist.
Freilich gehört zum Mandat des Advokaten im Prinzip seine Bevollmächti-
gung durch den Klienten, ein Umstand, der schon in Vormundschaftsfällen
25 oder etwa im Falle der Pflichtverteidigung nicht mehr gegeben ist. In diesen
Fällen wird aus dem Advokaten, der eigentlich auf Geheiß der Klienten deren
Interessen wahrnimmt, ein Anwalt, der die Interessen von Klienten auch und
gerade dann wahrnimmt, wenn sie weder Willens noch dazu in der Lage sind,
ihre Interessen selbst zu vertreten bzw. selbst einen Interessenvertreter zu be-
30 nennen. Wir können dieser Veränderung in der Sache und damit einhergehen-
den Bedeutungsverschiebungen des Begriffs »Advokat« vielleicht dadurch
Rechnung tragen, dass wir zwischen einem *anwaltlichen* und einem *vormundschaftlichen* Wahrnehmen von Interessen unterscheiden.
    Anwaltliche und vormundschaftliche Beauftragung eines Advokaten
35 unterscheiden sich dadurch, dass wir im ersten Fall dem Klienten eine aufgeklärte und verantwortliche Kenntnis seiner Interessen zuschreiben, derweil
wir im zweiten Fall davon ausgehen, dass der Klient diese aufgeklärte Kenntnis seiner Interessen nicht besitzt. Damit ist eine vormundschaftliche Interes-
senvertretung auch stets eine stellvertretende.
40

Eine advokatorische Ethik ist ein System von Behauptungen und Aufforde-
rungen in Bezug auf die Interessen von Menschen, die nicht dazu in der Lage sind,
diesen selbst nachzugehen sowie jenen Handlungen, zu denen uns diese Unfähigkeit
anderer verpflichtet.

2. Wozu ist eine advokatorische Ethik überhaupt nötig?

Wenn Eltern ihren kleinen Kindern verbieten, nach 21.00 Uhr fernzu-
sehen, wenn Pfleger einer psychiatrischen Anstalt einer als hilflos, aber unru-
hig bezeichneten Person den Ausgang unmöglich machen, dann haben wir es
mit dem vormundschaftlichen Handeln von Einzelnen oder Institutionen gegenüber Menschen zu tun, denen aufgrund unterschiedlichster Kriterien die
Fähigkeit, ihre wohlverstandenen Interessen wahrzunehmen, abgesprochen
wird. Insofern stellt advokatorisches Handeln durchaus eine normale und üb-
liche gesellschaftliche Praxis dar. Wozu bedarf es also einer Ethik, wenn die
Praxis ohnehin schon so verfährt?

Ein erster Anlass könnte darin gegeben sein, dass die solcher Art hilflo-
sen Personen nicht dazu bereit sind, den auferlegten Maßnahmen Folge zu
leisten. Ein zweiter darin, herauszufinden, mit welchen Gründen Pfleger,
Richter etc. ihre eigenen Handlungen rechtfertigen. Ein dritter darin, zu überprüfen, ob die vorgebrachten Gründe akzeptabel sind und ein vierter schließlich, einen allgemeinen Maßstab für die Akzeptabilität festzulegen.

[...]

4. Wie ist eine advokatorische Ethik möglich?

Im vormundschaftlichen, advokatorischen Handeln handeln wir, die
wir Personen sind, anstelle anderer Menschen, die den Zustand, eine Person
zu sein, d.h. sich selbstbewusst und verantwortlich verhalten zu können, noch
nicht oder nicht mehr besitzen. *Pädagogisch* ist solch advokatorisches Verhalten dann, wenn es um die Herstellung von Personalität bzw. Mündigkeit geht:
caritativ, wenn keinerlei Chancen mehr bestehen, dass die hilfsbedürftigen
Menschen jemals den Zustand der Personalität erreichen werden. Im Unterschied zum caritativen Handeln ist das advokatorisch-pädagogische Handeln
offensichtlich dadurch ausgezeichnet, dass es einer obersten Wertsetzung,
nämlich der Personwerdung von Menschen, verpflichtet ist. Daraus ergeben
sich zwei Fragen:

1. Wie lässt sich begründen, dass Mündigkeit und Personalität die
obersten Ziele pädagogischen Handelns sind?

2. Welche Mittel dürfen eingesetzt werden, um dieses Ziel zu erreichen?

5. Wozu sind wir im Rahmen einer advokatorischen Ethik verpflichtet?

Es lässt sich nun zeigen, dass eine Theorie der Mündigkeit, die die
mündige Person als eine Sprecherin/einen Sprecher unter anderen versteht,
nicht ohne Selbstwiderspruch darauf verzichten kann, in denjenigen Unmün-

digen, mit denen sie verkehrt und spricht, Mündigkeit kontrafaktisch zu unterstellen und sich somit auch zu verpflichten, bei diesen Unmündigen Mündigkeit hervorzurufen. [...] Freilich ist damit die Frage zu stellen, ob es um dieses kategorischen Ziels willen zulässig ist, das Recht der Unmündigen auf ihre faktisch vorfindlichen Zustände, die eventuell diesem Ziel im Wege stehen, zu verletzen bzw. zu beeinträchtigen. [...] Es erweist sich das Vermeiden der Beeinträchtigung der körperlichen/geistigen Integrität des/der Anderen, wer immer sie seien, als der zweite Imperativ einer advokatorischen Ethik neben dem Imperativ der Bemündigung.

Dass die Unmündigen mündig werden und dass hierbei ihre Integrität unbedingt schützenswert ist, sind die Prinzipien, die advokatorisches Handeln in einem allemal fragilen Gleichgewicht anleiten.

(Micha Brumlik: Advokatorische Ethik. Böllert, Bielefeld 1992, S. 159 ff.)

I)) **Fragen zur Textinterpretation**
- Wodurch ist die advokatorische Verantwortung gekennzeichnet?
- Wie lässt sich eine solche Art der Verantwortung legitimieren?
- In welchen Bereichen ist advokatorisches Handeln heute gang und gäbe?
- Welche Missbrauchsgefahren gibt es bei der stellvertretenden Wahrnehmung von Verantwortung?
- Welchen Prinzipien sollten sich Menschen, die eine advokatorische Verantwortung gegenüber Menschen mit Behinderung ausüben, nach Auffassung von Brumlik stets verpflichtet fühlen?

A)) **Anwendungsfall: Für behinderte Familienangehörige sorgen**

Q)) Mirjam ist körperlich und geistig behindert und hat zwei gesunde Geschwister. Die Diagnose lautet: Infolge einer vorgeburtlichen Entwicklungsstörung und eines Sauerstoffmangels während der Geburtsphase kam es zu einer frühkindlichen Hirnstörung. Die Körperbehinderung äußert sich in einer leichten Halbseitenlähmung, Koordinationsstörungen sowie immer wiederkehrenden Cerebralanfällen (Epilepsie). Zudem liegt eine geistige Behinderung vom Grade einer mittleren bis schweren Debilität vor. Mirjams Eltern überlegen bereits jetzt, was sie ihren beiden nichtbehinderten Kindern an Pflegeverantwortung zumuten können, sollten sie selbst dazu einmal nicht mehr in der Lage sein. Sie beschreiben dies wie folgt:

Mirjam ist inzwischen siebzehn Jahre alt. Zwischen den Geschwistern ist das gegenseitige Verständnis keineswegs stetig gewachsen. Da hat es für uns schmerzliche Krisen gegeben, und wir müssen uns oft gegenseitig zu

mehr Geduld und Gelassenheit ermahnen. Mirjam arbeitet jetzt mit großem
Interesse in einer Rehabilitationswerkstatt. Wir erleben, dass ihr Selbstbe-
wusstsein durch die produktiven Tätigkeiten gestärkt wird. Sie erzählt gerne
von der gemeinsamen Arbeit und den Kollegen. Ihre Gesundheit scheint –
nach monatelangen schlimmen Anfallsphasen und Krankenhausaufenthalten   5
– jetzt mit Hilfe von Medikamenten im Gleichgewicht zu sein. Wir wissen
aber nicht, wie lange dieser erfreuliche Zustand anhält. Unser Familienleben
kreist keinesfalls nur um das behinderte Kind. Mirjam muss sich auch mit
Pflichten und Rücksichtnahmen einordnen. Aber ohne Mirjam kann sich
keiner von uns sein eigenes und das gemeinsame Leben vorstellen.   10

So beruhigend auch das Gefühl der zwei gesunden Kinder für uns ist,
so möchten wir doch keine irrealen Zukunftsphantasien aufkommen lassen.
Wir möchten die beiden Jüngeren in ihrem Empfinden der Fürsorge und Verantwortung für Mirjam nicht absolut binden. Sie merken ja sehr genau, wenn
uns Eltern mal schwer zumute ist, z.B. nach einem epileptischen Anfall von   15
Mirjam. Da kam es vor, dass das eine oder andere Kind sagte: Wenn ich groß
bin, dann sorge ich ganz für Mirjam; oder: Ich werde später ganz für sie da
sein. Man darf aber in solchen Situationen ein Kind nicht total für das behinderte verpflichten. Unsere Hoffnung ist, dass wir es schaffen werden, dass die
Gesunden einerseits immer Mitverantwortung für Mirjam empfinden, sich   20
aber in ihren Lebenserwartungen dadurch nicht belastet fühlen ..., etwa: Ich
habe ja diesen Klotz am Bein. Mirjam soll kein »Klotz« für sie sein, der dann
ja auch mit an ihrem Beruf und an ihrer späteren Partnerschaft hängen
würde. Aber es wäre schon gut, wenn sich die beiden in irgendeiner Weise
immer mit um Mirjam kümmern würden – durch regelmäßige Kontakte und   25
liebevolle Fürsorge, durch Einladungen, Briefe und Besuche ... Wo? – Ja, das
müsste wohl ein kirchliches oder staatliches geschütztes Wohnheim sein, ihr
späteres Zuhause, wenn wir es nicht mehr sind.

(Nach: Gerda Jun: Kinder, die anders sind. Volk und Gesundheit, Berlin
1983, S. 74 f.)   30

Pro- und Contra-Argumentation

- Versetzen sie sich in die Lage der Eltern und legen Sie Ihre Vorstellun-
  gen von Mirjams Zukunft dar.
- Versetzen Sie sich an die Stelle der Geschwister. Inwiefern sind sie für   35
  Mirjam verantwortlich? Was kann berechtigt von ihnen an Fürsorge
  und Pflege bezogen auf ihre Schwester Mirjam erwartet werden?
- Sind Sie der Auffassung, dass Mirjams Geschwister später für deren
  Betreuung auf gesellschaftliche Unterstützungsleistungen zurückgrei-
  fen sollten? Wenn ja, welche Leistungen wären aus Ihrer Sicht geboten?   40

3.4 Verantwortung gegenüber »Fremden« – Hilfe

für die Armen in der »Dritten Welt«

E)) Die moralische Forderung nach Solidarität mit den »Unsrigen«, den Familienmitgliedern oder weiter gefasst den Angehörigen der eigenen politischen Gemeinschaft, wird in ihrer Berechtigung öffentlich kaum in Frage gestellt. Mit solchen Menschen fühlen wir uns durch blutsverwandtschaftliche Bande oder doch wenigstens durch kulturelle Nähe verbunden. Allenfalls das Ausmaß solcher Hilfsverpflichtungen ist strittig, etwa wenn bei der Abwehr von Schädigungen anderer das eigene Leben in Gefahr gerät oder der Abbau von Benachteiligungen für Menschen mit Behinderung an die Grenzen der eigenen finanziellen Leistungskraft stößt.

Wie steht es aber um unsere Verantwortung zur Hilfe gegenüber »Fremden«, also Menschen, mit denen wir nicht eine gemeinsame kulturelle Herkunft teilen und die zudem in von uns weit entfernten Teilen der Welt wohnen? Der australische Philosoph Peter Singer plädiert dafür, die Verpflichtung zur Hilfe nicht auf »die Unsrigen« zu beschränken, sondern auf Arme in der »Dritten Welt« auszudehnen: Er geht dabei von der begrifflichen Unterscheidung von relativer und absoluter Armut aus: »Relative Armut« gebe es in den westlichen Industriestaaten. Sie sei auf einen bestimmten Standard des »normalen« Verdienstes in diesen Ländern bezogen (nach einer in der Europäischen Union verbreiteten Definition liegt Armut dann vor, wenn die Betroffenen weniger als 60 % des durchschnittlichen Einkommens ihres Landes erzielen). Davon sei jedoch die »absolute Armut« abzuheben, die in den Ländern der »Dritten Welt« herrsche.

Die Begründung für die Pflicht zur Hilfe

Q)) **Einige Fakten über die Armut**
[...] McNamara hat absolute Armut zusammengefasst als »Lebensbedingungen, die derart durch Unterernährung, Analphabetentum, Krankheit, verwahrloste Umgebung, hohe Kindersterblichkeit und niedrige Lebenserwartung gekennzeichnet sind, dass sie sich jenseits jeder vernünftigen Definition von menschlicher Würde befinden«. Absolute Armut ist, nach den Worten McNamaras, verantwortlich für zahllose Todesopfer, insbesondere unter Säuglingen und Kleinkindern. Wenn absolute Armut nicht zum Tode führt, dann verursacht sie doch Elend in einem Ausmaß, wie es bei den wohlhaben-

den Nationen nur selten anzutreffen ist. Unterernährung bei Kleinkindern hemmt sowohl die physische als auch die geistige Entwicklung. Wie das Entwicklungshilfeprogramm der Vereinten Nationen ausweist, leiden 180 Millionen Kinder unter fünf Jahren an Unterernährung, Millionen von unterernährten Menschen leiden an Mangelkrankheiten wie Kropf oder an durch das Fehlen von Vitamin A verursachter Blindheit. [...]

Von Tod und Krankheit abgesehen, ist absolute Armut – mit unzureichender Ernährung, Unterkunft, Kleidung, Hygiene, Gesundheitsfürsorge und Ausbildung – eine elende Lebensgrundlage. Das Worldwatch Institute schätzt, dass 1,2 Milliarden Menschen – das sind 23 % der Weltbevölkerung – in absoluter Armut leben. [...]

[Nun könnte man] sagen, dass die Notlage der Hungernden nicht Folge meines Tuns ist, und somit kann man mich nicht dafür verantwortlich machen. Die Hungernden würden hungern, auch wenn ich nie existiert hätte. Wenn ich hingegen töte, bin ich verantwortlich für den Tod meines Opfers, denn diese Menschen wären nicht gestorben, wenn ich sie nicht getötet hätte. [...]

Die Vorstellung, dass wir direkt verantwortlich sind für diejenigen, die wir töten, aber nicht für jene, denen wir nicht helfen, beruht auf einem fragwürdigen Begriff der Verantwortung [...].

Q)) Das Argument für eine Verpflichtung zu helfen

Der Weg von der Bibliothek meiner Universität zum Hörsaalgebäude der Geisteswissenschaften führt an einem flachen Zierteich vorbei. Angenommen, ich bemerke auf meinem Weg zur Vorlesung, dass ein kleines Kind hineingefallen ist und Gefahr läuft zu ertrinken. Würde irgendwer bestreiten, dass ich hineinwaten und das Kind herausziehen sollte? Dies würde zwar bedeuten, dass ich mir die Kleidung beschmutze und meine Vorlesung entweder absagen oder verschieben muss, bis ich etwas Trockenes zum Anziehen finde; aber verglichen mit dem vermeidbaren Tod eines Kindes wäre das unbedeutend.

Ein plausibles Prinzip zur Stützung des Urteils, dass ich das Kind retten sollte, lautet folgendermaßen: Wenn es in unserer Macht steht, etwas Schreckliches zu verhindern, ohne dass dabei etwas von vergleichbarer moralischer Bedeutung geopfert wird, dann sollten wir es tun. Dieses Prinzip scheint unumstritten zu sein. Es wird offensichtlich die Zustimmung der Konsequentialisten gewinnen; aber Nicht-Konsequentialisten sollten es ebenfalls akzeptieren, denn das Gebot, etwas Schlimmes zu verhindern, bezieht sich nur auf Situationen, in denen nichts von vergleichbarer Bedeutung auf dem Spiel steht. [...]

Der Anschein, als sei das Prinzip unumstritten, dass wir Schlechtes verhüten sollten, wenn wir dazu nichts von vergleichbarer moralischer Bedeutung opfern müssen, trügt gleichwohl. Wenn es ernst genommen würde und wenn danach gehandelt würde, würden sich unser Leben und unsere Welt grundlegend ändern. Denn das Prinzip lässt sich nicht nur auf jene seltenen Situationen anwenden, wo ein Kind aus dem Teich zu retten ist, sondern auf die alltägliche Situation, wo wir denen helfen können, die in absoluter Armut sind. Hierbei unterstelle ich, dass absolute Armut mit Hunger und Unterernährung, mit Obdachlosigkeit, Analphabetismus, Krankheit, hoher Säuglingssterblichkeit und niedriger Lebenserwartung eine schlechte Sache ist. Und ich unterstelle ferner, dass es in der Macht der Reichen steht, diese absolute Armut zu verringern, ohne irgend etwas von vergleichbarer moralischer Bedeutung zu opfern. Wenn diese beiden Annahmen und das eben diskutierte Prinzip richtig sind, dann haben wir eine Verpflichtung, denen zu helfen, die in absoluter Armut leben, eine Pflicht, welche ebenso stark ist wie die, ein ertrinkendes Kind aus einem Teich zu retten. Nicht zu helfen wäre unrecht, ganz gleich, ob dies für sich genommen mit einer Tötung gleichbedeutend wäre oder nicht. Helfen ist nicht, wie man üblicherweise denkt, eine wohltätige Handlung, die zu tun lobenswert ist, die zu unterlassen aber nicht unrecht ist; es ist etwas, dass jedermann tun soll.

Das ist das Argument für die Verpflichtung zu helfen. Formal dargestellt sähe es etwa folgendermaßen aus:

Erste Prämisse: Wenn wir etwas Schlechtes verhindern können, ohne irgend etwas von vergleichbarer moralischer Bedeutsamkeit zu opfern, sollten wir es tun.

Zweite Prämisse: Absolute Armut ist schlecht.

Dritte Prämisse: Es gibt ein bestimmtes Maß von absoluter Armut, das wir verhüten können, ohne irgend etwas von vergleichbarer moralische Bedeutung zu opfern.

Schlussfolgerung: Wir sollten ein bestimmtes Maß von absoluter Armut verhüten.
(Peter Singer: Praktische Ethik. Reclam, Stuttgart 1994. S. 278 ff., S. 292 ff.)

)) **Fragen zur Textinterpretation**
* Die dargestellten Fakten zur Armut in der dritten Welt stammen aus den 90er Jahren des 20. Jahrhunderts. Informieren Sie sich anhand des aktuellen Armutsberichts der UNICEF oder andere Organisationen über den gegenwärtigen Stand der Armutsbekämpfung in der heutigen Welt.
* Was versteht Peter Singer unter absoluter Armut in der »Dritten Welt« im Unterschied zur relativen Armut in den entwickelten Industrieländern, mit welchen Folgen für die betroffenen Menschen ist sie verbunden?

- Überprüfen Sie, ob das von Singer eingeführte Beispiel des ertrinkenden Kindes unbesehen auf die Ebene der Hilfe für Arme in der Dritten Welt übertragbar ist.

- Wägen Sie Pro- und Contra-Argumente bezogen auf eine Verpflichtung zur Hilfe für Arme in den Ländern der »Dritten Welt« ab. Nutzen Sie dazu das Argumentationsschema von Peter Singer als Argumentationshilfe.

- Setzen Sie sich mit Hilfe des Singerschen Argumentationsschemas mit dem Einwand auseinander, dass der Hunger in den Ländern der »Dritten Welt« nicht die direkte Folge meines Tuns ist und ich daher auch nicht dafür verantwortlich gemacht werden kann.

- Ein Gegenargument gegen die Hilfe betrifft die Gefahr der missbräuchlichen Verwendung der Hilfsgelder (durch Hilfsorganisationen und Empfängerländer). Wie, in welcher Form sollte Ihrer Meinung nach die Hilfe am effektivsten geleistet werden?

Solidarität gegenüber »Fremden«

Ein anderer Begründungsansatz für die Verantwortung, die wir zur Verminderung der Armut in den Ländern der »Dritten Welt« haben, ein Ansatz, der am Begriff der Solidarität ansetzt, wurde von Ulrich Steinvorth entwickelt.

Q)) Wie sieht Solidarität heute praktisch aus? Im 19. Jahrhundert wurde sie in erster Linie als *innerstaatliche* Aufgabe verstanden, die zur Ergänzung des Rechts- durch den Sozialstaat führte. Dieser Ansatz hat sich als unzureichend erwiesen. Die Globalisierung der Wirtschaft ist der Weg, auf dem sich die ökonomisch führenden Gruppen den Sozialstaaten entziehen und deren Macht zur Durchsetzung sozialer Rechte aushöhlen. Solidarität muss die Individuen anderer Staaten einschließen. Die Schere im Verbrauch natürlicher Ressourcen zwischen den reichsten und den ärmsten Staaten hat sich in den letzten Jahrzehnten noch weiter geöffnet. Die Industrieländer stellen 10 % der Weltbevölkerung und verbrauchen 50 % der Energie. [...] Das Elend der Ärmsten der Welt ist nicht durch Ursachen erklärbar, für die sie oder ihre Vorfahren verantwortlich wären. Ihnen gleichen Zugang zu den natürlichen Ressourcen zu verschaffen, ist heute die aktuellste Forderung der Solidarität.

Der heutige Verbrauch der natürlichen Ressourcen ist nicht nur unsolidarisch gegenüber den Hungernden in der Dritten Welt, sondern auch gegenüber den Menschen künftiger Generationen. Er droht sie im Zugang zu den Naturgütern zu benachteiligen. Die Solidarität verlangt eine globale Steuerung des Verbrauchs und der Belastung nicht regenerierbarer knapper Rohstoffe. Internationale Behörden kommen dieser Aufgabe nur unzureichend nach. Daher sollten nichtstaatliche Vereinigungen das Amt globaler Ökologie ergänzen und sich durch die Zuverlässigkeit ihrer Informationen legitimieren.

(Ulrich Steinvorth: Kann Solidarität erzwingbar sein? In: Kurt Bayertz (Hg.): Solidarität. Begriff und Problem. Suhrkamp, Frankfurt am Main 1998, S. 82)

I)) Fragen zur Textinterpretation:

* Auf welchen gesellschaftlichen Rahmen war die Forderung nach Solidarität bis ins 19. Jahrhundert beschränkt?
* Worin äußert sich unsolidarisches Verhalten in einer globalisierten Wirtschaft?
* Warum wird aus Sicht von Steinvorth heute eine grenzüberschreitende Solidarität bezogen auf die Ärmsten der Welt notwendig?
* Welche institutionellen Vorkehrungen sind angesichts weiter bestehender nationaler und Gruppenegoismen notwendig, um den Ländern der »Dritten Welt« einen gerechten Zugang zu den natürlichen Ressourcen der Erde zu ermöglichen?

A)) Anwendungsfall: UNICEF Deutschland das Spendensiegel entzogen

Ein beliebter Einwand gegen die Verpflichtung zur Hilfe für Arme in der »Dritten Welt« besteht in der Behauptung, dass die Hilfe gar nicht bei den wirklich Bedürftigen ankommt, sondern in dunklen Kanälen »versickert«. Dabei hat man etwa die korrupten Oberschichten in den Entwicklungsländern im Auge. Manchmal werden aber auch bestimmte anrüchige Praktiken der Hilfsorganisationen selbst zum Gegenstand kritischer Bewertung.

Zu den größten und zugleich anerkanntesten internationalen Hilfsorganisationen, die sich um die Initiierung und Koordinierung solcher Spendenleistungen kümmern, gehört UNICEF, das Internationale Kinderhilfswerk der Vereinten Nationen. Über 7000 Mitarbeiter in 160 Ländern sind für die UNICEF tätig. Ausgerechnet der nationale Ableger dieser Organisation, die UNICEF Deutschland, geriet im Jahre 2008 in den Focus der Kritik. In der Öffentlichkeit war der Vorwurf der Verschwendung von Spendengeldern laut geworden – so seien unter anderem ungerechtfertigt hohe Summen an professionelle Spendensammler gezahlt worden. Die Vorwürfe erwiesen sich

weitgehend als stichhaltig. Darauf wurde der Organisation das Spendensiegel
– ein Qualitätsmaßstab für den zielgenauen Einsatz der Spenden – entzogen.
In der Folge brach das Spendenaufkommen massiv ein; 37.000 Dauerspender
verweigerten der Organisation ihre Unterstützung.

Nach erfolgter organisatorischer Erneuerung – der gesamte alte Vor-s
stand sah sich gezwungen zurückzutreten – gewinnt die Hilfsorganisation inzwischen langsam wieder an Ansehen. Dennoch bleibt bei vielen spendenwilli-
gen Bürgern ein gewisses Unbehagen zurück.

Pro- und Contra-Argumentation

- Ist der mögliche Missbrauch von Spendengeldern ein hinreichender
  Grund, sich der Hilfe für Arme in der »Dritten Welt« zu verweigern.
  Machen Sie die Konsequenzen einer solchen Auffassung deutlich.
- Haben wir auch eine Verantwortung, was den sachgerechten Einsatz
  von Spendengeldern betrifft? Wie könnte diese aussehen?
- Wie lassen sich solche Missbrauchsgefahren unter Umständen eindäm-
  men? Welche Wege der Hilfe für die Länder der »Dritten Welt« würden
  Sie persönlich bevorzugen?
- Um zu verhindern, dass die Spendengelder zum großen Teil im
  »Bauch« der Hilfsorganisationen verschwinden, wird von Gegner der
  gegenwärtigen Hilfspraxis der Vorschlag ins Spiel gebracht, dass die
  Hilfe für die Länder der »Dritten Welt« Sache der Regierungen sei. Wel-
  che Position beziehen Sie zu diesem Argument, handelt es sich um
  einen realen Ausweg?

3.5 Spezialisierte Verantwortung – berufliche

Verpflichtungen

E)) Menschen haben als beruflich Tätige einen bestimmten Platz im System der gesellschaftlichen Arbeitsteilung inne. Mit einem *Beruf* sind spezielle Zuständigkeiten und Kompetenzen, spezielle Verantwortlichkeiten verbunden. So besitzt ein Politiker eine andere Verantwortung als ein Arzt, ein Ingenieur eine andere als ein Maurer etc.

Welche Besonderheiten weist die berufliche Verantwortung auf, auf welcher Grundlage lässt sie sich erfassen? Dies sind Fragen, die in der *Berufsethik* als einem Zweig der Verantwortungsethik beantwortet werden. Ihr zentraler Gegenstand sind die sittlich relevanten Eigenschaften (Tugenden) und Handlungsanforderungen (Normen), die für die verantwortungsbewusste Wahrnehmung der beruflichen Aufgabe als unerlässlich angesehen werden. Das älteste und zugleich bekannteste Beispiel eines solchen Berufsethos' stellt der Hippokratische Eid dar. Neben dem Ärztestand haben sich inzwischen eine Reihe weiterer Berufsgruppen – etwa die Rechtsanwälte und Journalisten – über moralische Mindeststandards verständigt und diese in einem entsprechenden Berufscodex festgeschrieben.

Einer der ersten in der modernen Ethik, der sich um die Ausarbeitung einer Berufsethik verdient gemacht hat, war der deutsche Soziologe Max Weber. Webers Ausgangspunkt ist dabei die Frage: Was ist ein Beruf? Für die nähere Bestimmung des Phänomens »Beruf« sind aus seiner Sicht vor allem drei Gesichtspunkten relevant:

Unter einem Beruf versteht man eine spezialisierte menschliche Tätigkeit, für die bestimmte Kompetenzen gebraucht werden (Aspekt der Professionalität).

In der Regel handelt es sich um eine bezahlte Tätigkeit, eine Tätigkeit, mit der ein Mensch seinen Lebensunterhalt bestreitet (Aspekt der Lebenssicherung).

Um eine berufliche Tätigkeit gut auszuüben, sollte man sich innerlich zu ihr hingezogen fühlen und bestimmten sittlichen Anforderungen genügen (Aspekt der Berufung).

In seiner Schrift »Politik als Beruf« denkt Weber insbesondere über die berufliche Verantwortung des Politikers nach.

Politik als Beruf

Q)) Was vermag sie [die Politik – W.L.] nun an inneren Freuden zu bieten, und welche persönlichen Vorbedingungen setzt sie bei dem voraus, der sich ihr zuwendet? 5

Nun, sie gewährt zunächst: Machtgefühl. Selbst in den formell bescheidenen Stellungen vermag den Berufspolitiker das Bewusstsein von Einfluss auf Menschen, von Teilnahme an der Macht über sie, vor allem aber: das Gefühl, einen Nervenstrang historisch wichtigen Geschehens mit in Händen zu halten, über den Alltag hinauszuheben. Aber die Frage ist nun für ihn: durch 10 welche Qualitäten kann er hoffen, dieser (sei es auch im Einzelfall noch eng umschriebenen) Macht und also der Verantwortung, die sie auf ihn legt, gerecht zu werden? Damit betreten wir das Gebiet ethischer Fragen; denn dahin gehört die Frage: was für ein Mensch man sein muss, um seine Hand in die Speichen des Rades der Geschichte legen zu dürfen. 15

Man kann sagen, dass drei Qualitäten vornehmlich entscheidend sind für den Politiker: Leidenschaft – Verantwortungsgefühl – Augenmaß. Leidenschaft im Sinne von *Sachlichkeit*; leidenschaftliche Hingabe an eine »Sache«, an den Gott oder Dämon, der ihr Gebieter ist. Nicht im Sinne jenes inneren Gebarens, welches mein verstorbener Freund Georg Simmel als »sterile Aufge- 20 regtheit« zu bezeichnen pflegte [...], eine ins Leere laufende »Romantik des intellektuell Interessanten« ohne alles sachliche Verantwortungsgefühl. Denn mit der bloßen, als noch so echt empfundenen Leidenschaft ist es freilich nicht getan. Sie macht nicht zum Politiker, wenn sie nicht, als Dienst in einer »Sache«, auch die *Verantwortlichkeit* gegenüber ebendieser Sache zum ent- 25 scheidenden Leitstern des Handelns macht. Und dazu bedarf es – und das ist die entscheidende psychologische Qualität des Politikers – *des Augenmaßes*, der Fähigkeit, die Realitäten mit innerer Sammlung und Ruhe auf sich wirken zu lassen, also: der Distanz zu den Dingen und Menschen. »Distanzlosigkeit«, rein als solche, ist eine der Todsünden jeden Politikers und eine jener Qualitä- 30 ten, deren Züchtung bei dem Nachwuchs unserer Intellektuellen sie zu politischer Unfähigkeit verurteilen würde. [...]

Einen ganz trivialen, allzu menschlichen Feind hat der Politiker täglich und stündlich zu überwinden: die ganz gemeine *Eitelkeit*, die Todfeindin aller sachlichen Hingabe und aller Distanz, in diesem Fall: der Distanz, sich selbst 35 gegenüber.

Eitelkeit ist eine sehr verbreitete Eigenschaft, und vielleicht ist niemand ganz frei davon. [...] Aber gerade beim Gelehrten ist sie, so antipathisch sie sich äußern mag, relativ harmlos in dem Sinne: dass sie in aller Regel den wissenschaftlichen Betrieb nicht stört. Ganz anders beim Politiker. Er arbeitet 40 mit dem Streben nach Macht als unvermeidlichem Mittel. »Machtinstinkt« – wie man sich auszudrücken pflegt – gehört daher in der Tat zu seien normalen Qualitäten. – Die Sünde gegen den heiligen Geist seines Berufs aber beginnt da, wo dieses Machtstreben unsachlich und ein Gegenstand rein persönlicher Selbstberauschung wird anstatt ausschließlich in den Dienst der »Sache« zu treten. Denn es gibt letztlich nur zwei Todsünden auf dem Gebiet der Politik: Unsachlichkeit und – oft, aber nicht immer damit identisch – Verantwortungslosigkeit.

(Max Weber: Politik als Beruf. Reclam, Stuttgart 1992, S. 61 ff.)

I)) **Fragen zur Textinterpretation+**
- Was ist für den Beruf des Politikers charakteristisch?
- Warum ist Augenmaß nach Weber die entscheidende Eigenschaft, die für den Beruf des Politikers unabdingbar ist?
- Inwiefern ist die allzu menschliche Eigenschaft der Eitelkeit eine der zentralen Untugenden im Bereich der Politik? Welchen Umgang mit Macht kritisiert Weber?
- Fassen Sie zusammen: Wann handelt ein Politiker verantwortungslos?
- Überprüfen Sie, inwieweit die von Weber genannten Grundqualitäten des Politikers auf andere Berufe, beispielsweise den Beruf des Lehrers, übertragbar sind.

Betrachtung eines Jünglings bei der Wahl eines Berufs

Die berufliche Verantwortung muss sich an bestimmten Maßstäben ausrichten. Welche moralischen Grundsätze lassen sich dafür heranziehen? Der Philosoph Karl Marx gibt darauf in seinem Abiturientenaufsatz eine erste, noch recht vorläufige, Antwort.

Q)) Dem Tiere hat die Natur selber den Wirkungskreis bestimmt, in welchem es sich bewegen soll, und ruhig vollendet es denselben, ohne über ihn hinauszustreben, ohne auch nur einen anderen zu ahnen. Auch dem Menschen gab die Gottheit ein allgemeines Ziel, die Menschheit und sich selbst zu veredeln, aber sie überließ es ihm selber, die Mittel aufzusuchen, durch welche er es erringen kann, sie überließ es ihm, den Standpunkt in der Gesellschaft zu wählen, der ihm am angemessensten ist, von welchem aus er sich und die Gesellschaft am besten erheben kann.

Diese Wahl ist ein großes Vorrecht vor den übrigen Wesen der Schöpfung, aber zugleich eine Tat, die sein ganzes Leben zu vernichten, alle seine Pläne zu vereiteln, ihn unglücklich zu machen vermag. Diese Wahl ernst zu erwägen, ist also gewiss die erste Pflicht des Jünglings, der seine Laufbahn beginnt, der nicht dem Zufall seine wichtigsten Angelegenheiten überlassen will. [...] 5

Wir müssen daher ernst prüfen, ob wir wirklich für einen Beruf begeistert sind, ob eine Stimme von innen ihn billigt, oder ob die Begeisterung Täuschung, das, was wir für einen Ruf der Gottheit halten, Selbstbetrug gewesen ist. [...]

Aber wir können nicht immer den Stand ergreifen, zu dem wir uns berufen glauben; unsere Verhältnisse in der Gesellschaft haben einigermaßen schon begonnen, ehe wir sie zu bestimmen imstande sind. Schon unsere physische Natur stellt sich oft drohend dagegen, und ihre Rechte wage keiner zu verspotten. [...] wenn wir einen Stand gewählt, zu dem wir nicht die Talente besitzen, so vermögen wir ihn nie würdig auszufüllen, so werden wir bald beschämt unsere eigene Unfähigkeit erkennen und uns sagen, dass wir ein nutzloses Wesen in der Schöpfung, ein Glied in der Gesellschaft sind, das seinen Beruf nicht erfüllen kann. Die natürlichste Folge ist dann Selbstverachtung, und welches Gefühl ist schmerzlicher, welches vermag weniger durch alles, was die Außenwelt zu bieten hat, ersetzt zu werden? [...] 20

Wer einen Stand erwählt, den er hochschätzt, der wird davor zurückschrecken, sich seiner unwürdig zu machen, der wird schon deswegen edel handeln, weil seine Stellung in der Gesellschaft edel ist.

Die Hauptlenkerin aber, die uns bei der Standeswahl leiten muss, ist das Wohl der Menschheit, unsere eigene Vollendung. Man wähne nicht, diese 25 beiden Interessen könnten sich feindlich bekämpfen, das eine müsse das andere vernichten, sondern die Natur des Menschen ist so eingerichtet, dass er seine Vervollkommnung nur erreichen kann, wenn er für die Vollendung, für das Wohl seiner Mitwelt wirkt.

Wenn er nur für sich schafft, kann er wohl ein berühmter Gelehrter, 30 ein großer Weiser, ein ausgezeichneter Dichter, aber nie ein vollendeter, wahrhaftig großer Mensch sein.

Die Geschichte nennt diejenigen als die größten Männer, die, indem sie für das Allgemeine wirkten, sich selbst veredelten; die Erfahrung preist den als den Glücklichsten, der die meisten glücklich gemacht; die Religion selber 35 lehrt uns, dass das Ideal, dem alle nachstreben, sich für die Menschheit geopfert habe, und wer wagte solche Ansprüche zu vernichten?

Wenn wir den Stand gewählt, in dem wir am meisten für die Menschheit wirken können, dann können uns Lasten nicht niederbeugen, weil sie nur Opfer für alle sind; dann genießen wir keine arme, eingeschränkte, egoistische 40

Freude, sondern unser Glück gehört Millionen, unsere Taten leben still, aber ewig wirkend fort, und unsere Asche wird benetzt von der glühenden Träne edler Menschen.

(Karl Marx: Abiturientenarbeit – Deutscher Aufsatz. In: Karl Marx;
Friedrich Engels: Werke EG 1. Dietz, Berlin 1973, S. 591 ff.)

I)) Fragen zur Textinterpretation

- Warum ist die Wahl des (richtigen) Berufes ein erster wichtiger Ausdruck der Selbstverantwortung des Menschen?
- Nach welchen Kriterien sollten wir einen Beruf wählen?
- Was schränkt unsere Wahlfreiheit unter Umständen ein? Deuten Sie Marx These, dass unsere Verhältnisse in der Gesellschaft bereits begonnen haben, ehe wir sie zu bestimmen vermögen.
- Warum fallen aus Sicht von Marx persönliche Interessen und Wohl der Gesellschaft (Menschheit) in der beruflichen Tätigkeit zusammen?
- Welches Ideal, welchen moralischen Anspruch verknüpft Marx mit der Wahrnehmung der beruflichen Aufgabe?

A)) Anwendungsfall: Professionelle ärztliche Hilfe ohne Ansehung der Person?

In dem – von Pascal Mercier geschriebenen – Roman »Nachtzug nach Lissabon« folgt der Erzähler den Spuren des Arztes Amadeu Inácio del Almeida nach Portugal. Bis zum Jahre 1974 herrschte dort unter Salazar eine blutige Diktatur.

Vor der Praxis des Arztes Almeida bricht eines Tages Rui Luis Mendes, ein hoher Offizier der Diktatur, dem man aufgrund seiner Grausamkeit den Beinamen »Schlächter von Lissabon« gab, ohnmächtig zusammen. Seine Begleiter tragen den Kranken zur Praxis. Es ist Mittag, die Zeit der größten Hitze, die Praxis ist geschlossen und der Arzt hält gerade Siesta, er schläft fest. Die Sprechstundenhilfe weckt den Arzt. Der kommt und erkennt sein verhasstes Gegenüber. Nach einem Moment des Zögerns und Abwägens, was er tun soll, untersucht er den Patienten fachkundig. Das Herz droht dem Patienten zu versagen. Wenn er nichts tut, dann wird dieser Mann, der für die Qualen und den Tod vieler Menschen verantwortlich ist, sterben. Niemand wird ihm einen Vorwurf machen können, dass Mendes starb. Der Arzt jedoch gibt sich nach einem Moment des Zauderns einen Ruck und verlangt von der

---

Sprechstundenhilfe eine Spritze mit Digitalis. Mit atemberaubender Sicherheit spritzt er dem Patienten das Mittel direkt in den Herzmuskel. Mendes erholt sich etwas und wird mit der Ambulanz ins Krankenhaus gefahren. Er überlebt.

Der Arzt jedoch wird von seinen Patienten, die beim Zusammenbruch 5 des Offiziers auf der Straße zusammenliefen, unflätig beschimpft und bespuckt. Ihm bleiben in der Folgezeit die Patienten weg. Er verteidigt sich gegen Anwürfe mit den Worten: »Ich bin Arzt« und »er ist ein menschliches Wesen, eine Person«. Nichtsdestotrotz zweifelt der Arzt in der Folgezeit an der Richtigkeit seines Verhaltens. 10

Pro- und Contra-Argumentation

- Wie rechtfertigt der Arzt sein Verhalten?
- Wie beurteilen Sie das Verhalten der Menge auf der Straße? Ließen sich 15 unter Umständen auch verantwortungsethische Argumente für eine Verweigerung ärztlicher Hilfeleistungen finden?
- Wägen Sie das Für und Wider des hier dargestellten Tuns ab. Beurteilen Sie zusammenfassend, warum Ihrer Meinung nach der Arzt Almeida verantwortungsbewusst/unverantwortlich gehandelt hat. 20

25

30

35

40

3.6 Soziale Verantwortung – bürgerschaftliches Engagement

E)) Wie im vorigen Abschnitt dargestellt, nehmen Menschen vor allem durch ihre berufliche Tätigkeit am gesellschaftlichen Leben teil. Die Verantwortung ist hier eine spezifische und zudem auf die Angehörigen der Berufsgruppe beschränkt.

Die Frage lautet aber: Haben wir darüber hinaus auch eine allgemeine Verantwortung als Bürger der Gesellschaft, in der wir leben. Wenn es um Klagen über mangelndes politisches Engagement, über einen verbreiteten Rückzug ins Private geht, dann ist besonders diese Art von Verpflichtung, die ungenügende Wahrnehmung der *sozialen Verantwortung* gemeint.

Unter *»sozialer Verantwortung«* werden hier die vielfältigen (mehr oder weniger freiwillig übernommenen) sozialen Verpflichtungen von Menschen verstanden, die auf die Erhaltung der gemeinschaftlichen Existenzbedingungen gerichtet sind. Eine solche Wahrnehmung von Verantwortung ist zumeist in soziale Institutionen (wie die Familie, den Verein, die Firma, den Staat) eingebettet.

Was gehört alles zum Bereich der sozialen Verantwortung? Bei der Verwendung des Ausdrucks soziale Verantwortung gilt es zwei verbreitete Verengungen zu vermeiden; zum einen die Beschränkung auf die Verantwortung von Eliten, zum anderen die Einschränkung auf die politische Verantwortung als Wahlbürger. Zweifellos haben Funktionseliten wie z.B. Manager eine besondere Verantwortung, aber die »einfachen Bürger« sind damit nicht von jeglicher Verantwortung entlastet. Andererseits ist die Verantwortung des Bürgers nicht auf den einmaligen politischen Akt der Wahl begrenzt. Ohne bürgerschaftliches Engagement in einem umfassenden Sinne verliert die demokratische Gesellschaft ihren Zusammenhalt, verkommt sie zur »Zuschauerdemokratie« oder geht gar in autoritäre Herrschaftsformen über.

Schema: Soziale Verantwortung

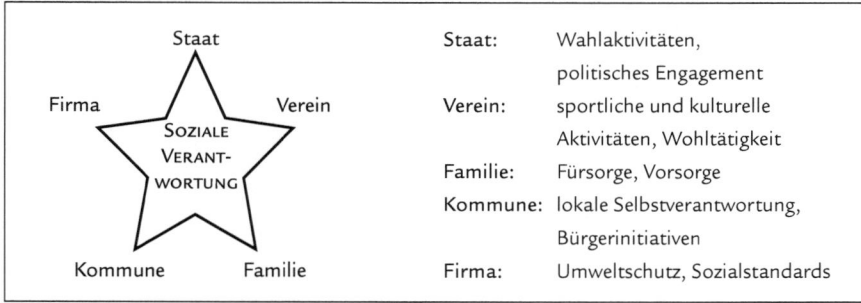

Staat:	Wahlaktivitäten, politisches Engagement
Verein:	sportliche und kulturelle Aktivitäten, Wohltätigkeit
Familie:	Fürsorge, Vorsorge
Kommune:	lokale Selbstverantwortung, Bürgerinitiativen
Firma:	Umweltschutz, Sozialstandards

Je nachdem, welche Seite der sozialen Verantwortung man in den Blick nimmt, ergeben sich unterschiedliche Akzentuierungen. Lokale Aktivitäten in Vereinen und Bürgerbewegungen werden häufig unter dem Stichwort *»zivilgesellschaftliches Engagement«* thematisiert. Die moralischen Selbstverpflichtungen von Unternehmen finden in Konzepten der *»Unternehmenskultur«* ihren Ausdruck. Das Engagement der Bürger für ihr politisches Gemeinwesen wird in der Ethik traditionell mit dem Begriff *»Patriotismus«* erfasst.

Die Einbindung der Individuen in soziale Gemeinschaften und ihre daraus erwachsende Verantwortung wird besonders in einer Richtung der modernen Ethik – dem Kommunitarismus – betont. Alasdair MacIntyre, ein Vertreter dieser Denkrichtung, wirft im folgenden Artikel die Frage nach dem moralischen Wert der Haltung des Patriotismus auf.

Ist Patriotismus eine Tugend?

Q)) Patriotismus [definiert sich] als eine Art von Loyalität gegenüber einer bestimmten Nation, die nur die haben können, die diese Nationalität besitzen. [...] Patriotismus schließt im allgemeinen und charakteristischerweise eine besondere Verehrung ein, die sich nicht einfach auf die eigene Nation bezieht, sondern auf die besonderen Merkmale, Vorzüge und Errungenschaften der eigenen Nation. [...] Das hebt die Tatsache hervor, dass der Patriotismus zur Klasse der loyalitätsbezogenen Tugenden gehört (vorausgesetzt, dass er eine Tugend ist), zu denen auch eheliche Treue, die Liebe zur eigenen Familie und Verwandtschaft, Freundschaft und die Loyalität zu Institutionen wie Schulen oder Cricket- oder Baseball-Clubs gehört. [...]

[Meine These lautet], dass – wenn man den Patriotismus so versteht, wie ich ihn verstanden habe – »Patriotismus« nicht nur eine Tugend bezeichnet, sondern auch eine Untugend, denn ein so verstandener Patriotismus ist mit der Moral unvereinbar.

Diese These setzt einen Begriff der Moral voraus, der in unserer Kultur ein hohes Ansehen genießt. Diesem Begriff gemäß heißt von einem moralischen Standpunkt aus urteilen, neutral [...] urteilen, das heißt so zu urteilen wie jede rationale Person, von ihren Interessen, Neigungen und ihrer sozialen Stellung unbeeinflusst, urteilen würde. Und moralisches Handeln heißt dann gemäß solchen neutralen Urteilen zu handeln. Daher erfordert moralisches Handeln von dem oder der moralisch Handelnden, dass er oder sie sich von aller sozialen Partikularität und Parteilichkeit losgelöst sieht. Der potentielle Konflikt zwischen einer so verstandenen Moral und dem Patriotismus wird sofort klar. Denn der Patriotismus erfordert von mir eine besondere Ergebenheit meiner Nation gegenüber, wie von dir gegenüber deiner. [...] Somit sind der moralische Standpunkt und der patriotische Standpunkt in systematischer Hinsicht unvereinbar. [...]

Ist dies jedoch das einzig mögliche Moralverständnis? Geschichtlich gesehen ist die Antwort ein klares »Nein«. [...] Lassen Sie mich deshalb einen alternativen Moralbegriff erörtern, der besonders durch den Ort interessant ist, den er dem Patriotismus zuweist.

[...] Dieser Auffassung zufolge ist es ein wesentliches Merkmal der Moral, die wir erwerben, dass sie von, in und vermittels der Lebensweise einer bestimmten Gemeinschaft erlernt wird. [...] So ist das, was ich als Leitfaden meiner Handlungen und als Standard ihrer Beurteilung lerne, niemals die Moral als solche, sondern stets eine sehr spezifische Moral einer sehr spezifischen gesellschaftlichen Ordnung. [...] Daraus folgt, dass *ich meine* Rechtfertigung für die Befolgung dieser moralischen Regeln in *meiner* bestimmten Gemeinschaft finde; ohne das Leben dieser Gemeinschaft hätte ich keinen Grund, moralisch zu sein. Aber das ist nicht alles. Die Regeln der Moral zu beachten, ist charakteristischerweise und allgemein eine schwierige Anforderung an menschliche Wesen. In der Tat, wäre dem nicht so, hätten wir die Moral nicht so nötig. Weil wir ständig Gefahr laufen, von unmittelbaren Wünschen geblendet zu werden, von unseren Verantwortlichkeiten abgelenkt oder rückfällig zu werden [...], ist es für die Moral wichtig, dass *ich* nur ein moralisch Handelnder sein kann, weil *wir* moralisch Handelnde sind – dass ich die um mich herum zur Festigung meiner moralischen Stärken und zur Hilfe bei der Überwindung meiner moralischen Schwächen brauche. [...]

So ist denn das Argument dafür, den Patriotismus als Tugend anzusehen, jetzt klar. *Wenn* es erstens der Fall ist, dass ich die Regeln der Moral nur in der Version aufnehmen kann, wie sie in einer bestimmten Gemeinschaft verkörpert sind, und *wenn* zweitens der Fall ist, dass die Moral in Begriffen bestimmter Güter gerechtfertigt werden muss, die innerhalb des Lebens bestimmter Gemeinschaften genossen werden können; und *wenn* es drittens so ist, dass ich typischerweise nur durch die besonderen Arten moralischer Unterstützung, die mir meine Gemeinschaft gewährt, zum moralisch Handelnden werde und als solcher erhalten werde, *dann* ist es klar, dass ich ohne diese Gemeinschaft kaum als moralisch Handelnder gedeihen kann. [...] Meiner Gemeinschaft beraubt laufe ich Gefahr, alle wirklichen Maßstäbe des Urteilens zu verlieren. Dieser Auffassung zufolge ist die Loyalität zu dieser Gemeinschaft [...] eine Bedingung der Moral. So sind der Patriotismus und die mit ihm verwandten Loyalitäten nicht nur Tugenden, sondern zentrale Tugenden.

(Alasdair MacIntyre: Ist Patriotismus eine Tugend? In: Axel Honneth (Hg.): Kommunitarismus. Eine Debatte über die moralischen Grundlagen moderner Gesellschaften. Campus, Frankfurt/New York 1994, S. 84 ff.)

I)) Fragen zur Textinterpretation

- Was versteht MacIntyre unter Patriotismus als Form sozialer Verantwortung?
- Von welchem herkömmlichen Moralverständnis ausgehend muss Patriotismus als Untugend betrachtet werden? 5
- Warum kann die Fähigkeit zum moralischen Handeln nicht unabhängig von der Gemeinschaft, in der wir leben, ausgeprägt werden?
- Welches alternative Moralverständnis bringt MacIntyre ins Spiel, von dem aus betrachtet Patriotismus als Tugend zu bewerten wäre?
- Sind die Annahmen, von denen MacIntyre in seiner Argumentation für 10 Patriotismus ausgeht, aus Ihrer Sicht stichhaltig?

Individualismus und Gemeinsinn

15

Ein anderer Vertreter des amerikanischen Kommunitarismus, Amitai Etzioni, beklagt für moderne westliche Gesellschaften einen ausufernden Individualismus, im Rahmen dessen zwar einerseits Freiheitsrechte in exzessiver Weise eingefordert werden, es aber andererseits an einer entsprechenden Bereitschaft zur Übernahme von sozialer Verantwortung mangelt. Er plädiert 20 deshalb für eine neue »Goldene Regel«.

Q)) Ziel dieses Buches ist eine Synthese zwischen Elementen der Tradition und der Moderne, in deren Verlauf beide Seiten einer Revision unterzogen werden. Bis zum Beginn der Moderne waren die Denksysteme (welche 25 zumeist in religiöses Schriftgut eingingen) weitgehend damit befasst, die Legitimität der Ordnung und die Ansprüche der als angemessen betrachteten sozialen Tugenden aufrechtzuerhalten. [...] Viele der im Mittelalter vorherrschenden religiösen Doktrinen rühmten monolithische Tugenden und legitimierten eine rigide und hierarchisch strukturierte soziale Ordnung. 30 Hierzu steht das moderne Denken – mit seiner Betonung von universalen individuellen Rechten (im Gegensatz zu denen eines besonderen Standes), von Autonomie, Freiwilligkeit und konsensuellen Vereinbarungen – in einem deutlichen Kontrast.

Ich vertrete hier in diesem Buch nun die These, dass die Kräfte der Mo- 35 derne, nachdem der Traditionalismus bereits besiegt war, keinesfalls zu wirken aufgehört haben. Statt dessen haben sie sich mit der letzten Generation (etwa seit den 60er Jahren) immer weiter ausgebreitet und die bestehenden und ohnehin schon geschwächten Fundamente der sozialen Tugenden weiter ausgehöhlt – stets in dem Bemühen, die Freiheit noch weiter auszudehnen. 40

In der Folge dieser Entwicklung haben einige Gesellschaften ihr Gleichgewicht verloren und nunmehr schwer an der Last zu tragen, die ihnen durch
die unsozialen Folgen *exzessiver* Freiheit auferlegt wurde. (Dagegen kann man
an einigen zeitgenössischen Gesellschaften Asiens und des Mittleren Ostens
die Gefahren exzessiver Ordnung beobachten, einen Verlust des Gleichgewichts in umgekehrter Weise.)

Wenn diese Beobachtung zutrifft, müssen in Zukunft Wege und Möglichkeiten gefunden werden, die Tugenden der Tradition mit den Früchten
der modernen Freiheit zu verbinden.

Noch vor zwei Generationen war man weithin der Überzeugung, die
Welt schreite von der Tradition zur Moderne voran. Diese Vorstellung wird
gegenwärtig von vielen als naiver Optimismus bewertet. Andererseits gibt es
jene, die an der modernen Welt insgesamt verzweifeln und nach einer Rück-
kehr zu den Traditionen der Vergangenheit suchen. Angeführt werden sie von
den religiösen Fundamentalisten der islamischen wie christlichen Rechten
und ihren sozialkonservativen Bündnispartnern säkularen Zuschnitts. Das
kommunitaristische Bestreben, wie ich es verstehe, zielt hingegen darauf,
einen Weg zu finden, der Elemente der Tradition (auf Tugenden basierende
Ordnung) mit Elementen der Moderne (gut geschützte Autonomie) verbin-
det. Folglich gilt es, ein Gleichgewicht zu finden zwischen universalen individuellen Rechten und dem Allgemeinwohl (zwei Konzeptionen, die allzu oft
als nicht miteinander vereinbar angesehen werden), zwischen dem Selbst und
der Gemeinschaft. Vor allem aber muss der Frage nachgegangen werden, wie
ein solches Gleichgewicht praktisch verwirklicht und bewahrt werden kann.

Die alte goldene Regel [...] enthält eine unausgesprochene Spannung
zwischen dem, wie sich der einzelne gegenüber anderen gerne verhalten
würde, und dem, was die goldene Regel als rechtes Tun von ihm einfordert.
Zudem bezieht sich die alte Regel lediglich auf den zwischenmenschlichen Bereich. Die neue goldene Regel, die hier vorgeschlagen wird, sucht die Distanz
zwischen einer vom einzelnen bevorzugten Handlungsweise und einer tu-
gendhaften zu verringern, wobei sie zugleich anerkennt, dass diese tiefsit-
zende Ursache sozialer und persönlicher Kämpfe nicht gänzlich auszuschal-
ten ist. Und sie sucht die Lösung stärker auf der makrosozialen Ebene als
allein und primär im zwischenmenschlichen Bereich. Meine Argumentation
führt somit zu einer neuen goldenen Regel: Achte und wahre die moralische
Ordnung der Gesellschaft in gleichem Maße, wie du wünscht, dass die Gesellschaft deine Autonomie achtet und wahrt.

(Amitai Etzioni: Die Verantwortungsgesellschaft. Individualismus und Moral
in der heutigen Demokratie. Ullstein, Berlin 1999, S. 17 ff.)

I)) Fragen zur Textinterpretation

- Worin besteht das Anliegen, das Etzioni mit seinem Buch »Die Verantwortungsgesellschaft« verfolgt?
- Welches sind die Grundideen der Moderne im Unterschied zu denen
  der Tradition?
- Inwiefern werden nach Auffassung Etzionis Freiheitsrechte in modernen westlichen Gesellschaften mitunter in exzessiver Weise eingefordert? Welche Folgen ergeben sich daraus für die Bereitschaft zur Übernahme von sozialer Verantwortung?
- Vergleichen Sie die alte »Goldene Regel« mit der von Etzioni formulier-
  ten neuen »Goldenen Regel«. Worin liegen aus Ihrer Sicht wesentliche
  Unterschiede?

A)) Anwendungsfall: Soziales Jahr als Pflicht?

In der Bundesrepublik Deutschland gibt es für junge Männer eine allgemeine Wehrpflicht. Über deren Beibehaltung oder Abschaffung wird seit
längerem unter Gerechtigkeitsgesichtspunkten gestritten. Inzwischen werden
nämlich bestenfalls noch zwei Drittel eines Jahrgangs zum Wehrdienst bzw.
Wehrersatzdienst herangezogen. Damit scheint der Grundsatz der Gleichbehandlung massiv beeinträchtigt zu sein. Noch gravierender fällt für manche
Gegner der gegenwärtigen Regelung die unterschiedliche Behandlung der Ge-
schlechter ins Gewicht. Anders als in der Bundesrepublik Deutschland gibt es
in Israel beispielsweise eine tatsächliche allgemeine Wehrpflicht, die beide Ge-
schlechter umfasst.

Angesichts dieser faktischen Ungerechtigkeiten, aber nicht zuletzt auch
wegen der damit verknüpften Hoffnung, die Heranwachsenden zu mehr sozia-
lem Engagement zu befähigen, werden in der Bundesrepublik Deutschland
deshalb in jüngster Vergangenheit verstärkt Vorschläge über die *Einrichtung eines sozialen Pflichtjahres* für alle jungen Erwachsenen diskutiert. Angeknüpft
werden könnte dabei an die schon länger bestehende Einrichtung eines freiwil-
ligen sozialen Jahres, die jährlich von tausenden jungen Leuten genutzt wird.
Bei der Ableistung des sozialen Pflichtjahres könnte man den Jugendlichen
die Art der Leistung frei stellen. Als Inhalte dieses sozialen Engagements kämen neben dem Wehrdienst etwa Arbeiten im Pflegebereich oder Tätigkeiten
zum Schutz der natürlichen Umwelt in Betracht. Die zu zahlende Aufwands-
entschädigung sollte sich an den Hartz-IV-Sätzen orientieren. Eine Befreiung
von dieser Dienstpflicht sollte es nur in wenigen Ausnahmefällen, etwa für

Mütter mit kleinen Kindern oder für Menschen mit chronischen Erkrankungen, geben.

Pro und Contra-Argumentation

- Was spräche für die Einrichtung eines sozialen Pflichtjahres? Gehen Sie insbesondere dem Argument nach, dass damit bei der jungen Generation die Bereitschaft zur Wahrnehmung sozialer Verantwortung gestärkt würde.
- Gegen diesen Vorschlag, ein soziales Jahr als Pflicht für junge Bürgerinnen/Bürger einzuführen, werden jedoch massive Einwände vorgebracht. Überprüfen Sie die Stichhaltigkeit der folgenden Gegenargumente:
  - Es handele sich um einen massiven Eingriff in menschliche Grundrechte, etwa das Recht auf freie Berufswahl.
  - Mit einem solchen Pflichtjahr würden nur die sozialen Ambitionen von Menschen ausgenutzt werden.
  - Die in Betracht gezogenen Inhalte des Pflichtjahres, wie zum Beispiel die Arbeiten im Bereich der Kranken- und Altenpflege, sollten besser durch gut bezahlte Berufstätige ausgeübt werden.
  - Das Pflichtjahr schaffe neue Ungerechtigkeiten, weil es nicht zwischen unterschiedlichen Lagen – etwa zwischen Verheirateten und Unverheirateten – differenziere.
  - Gerade für Akademiker würde sich der Ausbildungsweg und damit der Einstieg in das Berufsleben weiter verlängern. Das hätte eine Benachteiligung gegenüber Lehrberufen zur Folge.
- Wägen Sie zusammenfassend das Für und Wider eines solchen Vorschlags ab. Warum plädieren Sie für/gegen die Einführung eines sozialen Pflichtjahrs als Ausdruck der Wahrnehmung von sozialer Verantwortung?

3.7   Verantwortung für die lebendige Natur – Tierschutz

E))   Sieht man von religiösen Verpflichtungen gegenüber Gott ab, galt bis ins 19. Jahrhundert hinein der Mensch als der alleinige Gegenstand morali-[5] scher Verantwortung. Die Sorge für andere war beschränkt auf den Mitmenschen. Die Natur, so die damals verbreitete Überzeugung, sorgt hingegen für sich selbst.

Inzwischen hat in dieser Hinsicht ein radikales Umdenken eingesetzt. Infolge der neuen Macht, die der Mensch über die Natur gewonnen hat, ist[10] der Schutz der Natur selbst zu einem wichtigen Gegenstand menschlicher Verantwortung geworden. Diese Einsicht hat ihren Niederschlag unter anderem im Ausbau der Tierschutzgesetzgebung gefunden. In der Bundesrepublik Deutschland wurden Tierschutzziele sogar ins Grundgesetz aufgenommen.

Philosophische Ansätze der *Tierethik* haben dieses Umdenken mit aus-[15] gelöst und befördert. Allerdings gibt es hinsichtlich des Begründungsansatzes für Naturschutz nach wie vor unterschiedliche Auffassungen: Die ethische Debatte kreist speziell um die Frage, ob Tiere um ihrer selbst willen oder nur wegen menschlicher Interessen schützenswert sind. Die Vertreter des *anthropozentrischen* Begründungsansatzes halten den Tierschutz für gerechtfertigt,[20] weil ihm grundlegende menschliche Bedürfnisse entsprechen. So könnte man den Artenschutz etwa damit rechtfertigen, dass seltene Tiere und Pflanzen Teile des ökologischen Gleichgewichts sind und dessen Zerstörung die Existenz des Menschen als Lebewesen selbst gefährden könnte. Die Vertreter des *nichtanthropozentrischen* Begründungsansatzes verweisen hingegen auf die[25] Grenzen einer solchen bedürfnisorientierten Sichtweise auf den Naturschutz. Erfahrungsgemäß, so das Gegenargument, bleibe in Konfliktfällen letztlich doch der Schutz der Natur auf der Strecke. Sie versuchen den Naturschutz deshalb ohne Berufung auf heutige und zukünftige menschliche Interessen zu begründen. Tiere, so die empathische Behauptung, haben einen Wert an[30] sich und sind deshalb schützenswert.

Als einer der Vorreiter der modernen Tierethik gilt der australische Philosoph Peter Singer. Er will die moralische Verantwortung, die wir für den Schutz von Tieren haben, mit Hilfe seines *Moralprinzips gleicher Interessenabwägung* begründen. [35]

[40]

Gleichheit für Tiere

Q)) [Von mir wurde] die Überzeugung begründet, dass es sich bei dem Grundprinzip der Gleichheit, auf dem die Gleichheit aller Menschen beruht, um das Prinzip gleicher Interessenabwägung handelt. Nur ein grundlegendes moralisches Prinzip dieser Art gestattet es uns, eine Form von Gleichheit zu vertreten, die alle menschlichen Wesen umfasst – trotz aller Unterschiede, die zwischen ihnen bestehen. Ich behaupte nun, dass dieses Prinzip zwar eine adäquate Basis für menschliche Gleichheit ist, aber eine Basis, die sich nicht auf den Menschen beschränken lässt. Ich schlage mit anderen Worten vor, dass wir, wenn wir das Prinzip der Gleichheit als eine vernünftige moralische Basis für unsere Beziehungen zu den Mitgliedern unserer Gattung akzeptiert haben, auch verpflichtet sind, es als eine vernünftige moralische Basis für unsere Beziehungen zu denen außerhalb unserer Gattung anzuerkennen, den nichtmenschlichen Lebewesen. [...]

Das Argument für die Erweiterung des Prinzips der Gleichheit über unsere Spezies hinaus ist einfach – so einfach, dass es dazu lediglich bedarf, das Wesen des Prinzips der gleichen Interessenabwägung klar zu verstehen. Dieses Prinzip schließt, wie wir gesehen haben, ein, dass unsere Rücksicht auf andere nicht davon abhängig sein darf, was sie sind oder welche Fähigkeiten sie haben (obwohl genau das, was dieses Interesse uns zu tun aufgibt, nach den Eigenschaften derer variieren kann, die von dem, was wir tun, betroffen sind). Auf genau dieser Grundlage können wir nun behaupten: Die Tatsache, dass manche Menschen nicht unserer Rasse angehören, berechtigt uns nicht dazu, sie auszubeuten, und ebenso bedeutet die Tatsache, dass manche Menschen weniger intelligent sind als andere, nicht, dass ihre Interessen missachtet werden dürfen. Aber das Prinzip impliziert auch folgendes: Die Tatsache, dass bestimmte Wesen nicht zu unserer Gattung gehören, berechtigt uns nicht, sie auszubeuten, und ebenso bedeutet die Tatsache, dass andere Lebewesen weniger intelligent sind als wir, nicht, dass ihre Interessen missachtet werden dürfen.

Wir haben im vorhergehenden Kapitel gesehen, dass viele Philosophen die gleiche Interessenabwägung in der einen oder anderen Form als ein grundlegendes Prinzip der Moral vertreten haben. Aber nur wenige haben erkannt, dass das Prinzip über unsere eigene Spezies hinaus anzuwenden ist. Einer von diesen wenigen war Jeremy Bentham, der Vater des modernen Utilitarismus. [...]

An dieser Stelle zeichnet Bentham die Fähigkeit zu leiden als jene entscheidende Fähigkeit aus, die einem Lebewesen Anspruch auf gleiche Interessenabwägung verleiht. Die Fähigkeit zu leiden – oder genauer zu leiden

---

und/oder sich zu freuen oder glücklich zu sein – ist nicht einfach eine weitere Fähigkeit wie die Sprachfähigkeit oder die Befähigung zu höherer Mathematik. [...] Die Fähigkeit zu leiden und sich zu freuen ist vielmehr eine Grundvoraussetzung dafür, überhaupt Interessen haben zu können, eine Bedingung, die erfüllt sein muss, bevor wir überhaupt sinnvoll von Interessen sprechen können. Es wäre Unsinn zu sagen, es sei nicht im Interesse des Steins, dass das Kind ihm auf der Straße einen Tritt gibt. Ein Stein hat keine Interessen, weil er nicht leiden kann. Nichts, dass wir ihm zufügen können, würde in irgendeiner Weise auf sein Wohlergehen Einfluss haben. Eine Maus dagegen hat ein Interesse daran, nicht gequält zu werden, weil sie dabei leiden wird.

Wenn ein Wesen leidet, kann es keine moralische Rechtfertigung dafür geben, sich zu weigern, dieses Leiden zu berücksichtigen. Es kommt nicht auf die Natur des Wesens an – das Gleichheitsprinzip verlangt, dass sein Leiden ebenso zählt wie das gleiche Leiden – soweit sich ein ungefährer Vergleich ziehen lässt – irgendeines anderen Wesens. Ist ein Wesen nicht leidensfähig oder nicht fähig, Freude oder Glück zu empfinden, dann gibt es nichts zu berücksichtigen. Deshalb ist die Grenze der Empfindungsfähigkeit [...] die einzig vertretbare Grenze für die Rücksichtnahme auf die Interessen anderer.

(Peter Singer: Praktische Ethik. Reclam, Stuttgart 1994, S. 82 ff.)

I)) **Fragen zur Textinterpretation**
- Wie begründet Peter Singer seine Auffassung, dass es möglich ist, das Prinzip der gleichen Interessenabwägung über den verantwortlichen Umgang Mensch-Mensch hinaus auf den Umgang Mensch-Tier auszudehnen? Was besagt dieses Prinzip, wenn es auf Tiere angewandt wird?
- Warum haben Tiere aus Sicht von Singer einen Eigenwert und verdienen Schutz um ihrer selbst willen?
- Inwiefern ist die Grenze der Anwendung des Prinzips gleicher Interessenabwägung die Empfindungsfähigkeit? Legen Sie die Konsequenzen dieser Auffassung für den Schutz von Gebirgen, Landschaften und Pflanzen dar.
- Warum verhält sich ein Mensch, der den Schmerz von Tieren missachtet, aus Sicht von Singer prinzipiell nicht anders als ein rassistisch eingestellter weißer Sklavenhalter?
- Welche Konsequenzen lassen sich aus diesem Prinzip für einen verantwortlichen Umgang des Menschen mit Tieren ableiten? Stellen Sie diese anhand von Problemfällen, etwa am Beispiel der industriellen Tierhaltung oder der weit verbreiteten Tierexperimente, dar.

Rechte für Tiere

Eine weitere sehr einflussreiche Richtung innerhalb der modernen Tierethik versucht den Tierschutz mit Hilfe des Konzepts »*Tierrechte*« zu begründen.

Q)) Die Gleichheit, die wir beim Utilitarismus finden, ist jedoch nicht die, die ein Fürsprecher der Tier- oder Menschenrechte im Sinn haben sollte. Der Utilitarismus bietet keinen Raum für die gleichen Rechte unterschiedlicher Individuen, weil er den Gedanken ihrer inhärenten Gleichwertigkeit nicht zulässt. Was für den Utilitaristen Wert hat, ist die Befriedigung der Interessen eines Individuums, nicht das Individuum, um dessen Interessen es sich handelt. [...]

Der Rechte-Ansatz ist, glaube ich, rational gesehen die befriedigendste Moraltheorie. Er übertrifft alle anderen Theorien darin, wie er die Grundlage unserer Pflichten einander gegenüber – also die Domäne menschlicher Moral – beleuchtet und erklärt. In dieser Hinsicht hat er die besten Argumente auf seiner Seite. Freilich, ließe sich der Nachweis erbringen, dass sich auch sein Anwendungsbereich lediglich auf Menschen beschränkte, dann würde jemand wie ich, der an Rechte für Tiere glaubt, gezwungen sein, sich anderswo umzusehen.

Aber man kann zeigen, dass Versuche, den Anwendungsbereich dieses Ansatzes auf Menschen zu begrenzen, rational nicht haltbar sind. Es ist wahr, Tieren fehlt es an vielen Fähigkeiten, die Menschen besitzen. Sie können nicht lesen, sind nicht zu höherer Mathematik befähigt, können keinen Bücherschrank bauen [...] Aber das können auch viele Menschen nicht, gleichwohl würden (und sollten) wir nicht sagen, dass sie (diese Menschen) deswegen einen geringeren inhärenten Wert, ein geringeres Recht, mit Respekt behandelt zu werden, besäßen als andere. Worauf es vor allem ankommt, sind die Gemeinsamkeiten zwischen den Menschen, die offensichtlich und unbestritten einen solchen Wert besitzen [...]. Und die wirklich entscheidende, die grundlegende Gemeinsamkeit ist schlicht die: Jeder von uns ist das empfindendes Subjekt eines Lebens (*experiencing subject-of-a-life*), eine bewusste Kreatur mit einem individuellen Wohl, das für uns von Bedeutung ist, unabhängig davon, wie nützlich wir für andere sein mögen. Wir wollen und bevorzugen Dinge, glauben und fühlen Dinge, erinnern uns an und erwarten Dinge. Und all diese Dimensionen unseres Lebens – unsere Lust und unser Schmerz, unsere Freude und unser Leiden, unsere Befriedigung und unsere Frustration, unser Weiterleben oder unser frühzeitiger Tod – all das macht einen Unterschied für die Qualität unseres Lebens, wie wir es als Individuen erleben und erfahren. Und da dasselbe für Tiere gilt, die uns etwas angehen (die, die wir essen und fangen, zum Beispiel), müssen auch sie als empfindende Subjekte eines Lebens mit eigenem inhärenten Wert angesehen werden. [...]

Nun, vielleicht wird einer sagen, Tiere besäßen schon etwas inhärenten Wert, aber weniger als wir. Man kann jedoch wieder zeigen, dass alle Versuche, diese Ansicht rational zu verteidigen, scheitern müssen. Was könnte die Basis dafür sein, dass wir mehr inhärenten Wert haben als Tiere? Ihr Mangel an Vernunft und Autonomie oder Verstand? Das können wir nur sagen, wenn wir gewillt sind, dasselbe Urteil auch auf die Menschen anzuwenden, die einen ähnlichen Mangel aufweisen. Aber es ist nicht wahr, dass solche Menschen, zurückgebliebene Kinder zum Beispiel oder Geistesgestörte – weniger inhärenten Wert haben als Sie oder ich. Dann können wir rationalerweise aber auch nicht an der Ansicht festhalten, dass Tiere, die wie Sie empfindende Subjekte eines Lebens sind, weniger inhärenten Wert haben. *Alle*, die inhärenten Wert haben, haben ihn *gleichermaßen*, egal, ob sie menschliche Tiere sind oder nicht?

(Tom Regan: Wie man Rechte für Tiere begründet. In: Ursula Wolf (Hg.):
Texte zur Tierethik. Reclam, Stuttgart 2008, S. 33 ff.)

I)) **Fragen zur Textinterpretation**

- Was kritisiert Regan an der utilitaristischen Begründung des Tierschutzes?
- Warum lässt sich aus seiner Sicht der Rechte-Ansatz auf Tiere ausdehnen? Welche Eigenschaften teilt der Mensch mit Tieren?
- Warum geht der Rechte-Ansatz immer mit einer entsprechenden Verantwortung des Menschen Tieren gegenüber einher?
- Akzeptieren Sie persönlich alle Konsequenzen dieses Begründungsansatzes? Worin liegen unter Umständen Grenzen eines Rechte-Ansatzes bezogen auf die lebendige Natur?

A)) **Anwendungsfall: Fettleibiger Dalmatiner – Besitzer erhält Hunde-Verbot**

Q)) Weil er seinen Dalmatiner mit Chips und Schokolade fütterte und so verfetten ließ, darf ein Brite zehn Jahre lang keinen Hund mehr halten. Ein Gericht in Macclesfield im Nordwesten Englands verurteilte John Green gestern zudem zu 200 Stunden gemeinnütziger Arbeit. Tierschützer hatten den

40-Jährigen vergeblich vor den Gesundheitsgefahren durch falsche Ernährung für seinen Dalmatiner Barney gewarnt. Green schlug die Ratschläge der Tierschützer in den Wind und mästete den Hund weiter, bis er 70 Kilo wog – mehr als das Doppelte des empfohlenen Gewichts.

Im Juni entzogen die Behörden dem Mann schließlich seinen Hund. In einem Privatzwinger wurde Barney auf Diät gesetzt und speckte durch ein Fitnessprogramm inzwischen auf 40 Kilo ab. Vor Gericht bekannte sich Green schuldig, dem Tier unnötig Leid zugefügt zu haben. Als mildernden Umstand werteten es die Richter, dass Green Barney eher als Freund denn als Hund angesehen und nicht verstanden habe, dass er ihm mit den Leckereien schadete.

(Nach: LVZ 20.11.09, S. 25)

Pro- und Contra-Argumentation

- Hat Green unverantwortlich gehandelt, obwohl er seinen Hund doch eher als Freund angesehen hat?
- Welche generellen Missbrauchsgefahren von Tierschutzargumenten lassen sich aus dem Beispiel ableiten? Nehmen Sie dabei aber nicht nur das Verhalten des Hundehalters, sondern auch die Interessen der Tierschutzorganisation in den Blick.
- Halten Sie das Vorgehen des englischen Gerichts für gerechtfertigt oder greift dieses Vorgehen zu stark in die Selbstbestimmung einer Person ein? Würden Sie analog auch dafür plädieren, Eltern ihr Erziehungsrecht zu entziehen, wenn deren Kinder wegen ungesunder Ernährung zur Fettleibigkeit neigen?

3.8 Verantwortung für nachfolgende Generationen

– Zukunftsverantwortung

E)) Verantwortung war von Max Weber als Verantwortung für die absehbaren Folgen unseres Tuns bestimmt worden.

Der Philosoph Hans Jonas knüpft bei der Begründung seiner Zukunftsethik ausdrücklich an Webers Auffassung an. Allerdings reicht sie, so Jonas Position, in unserer Epoche nicht mehr aus. Für das »technologische Zeitalter«, indem wir leben, bräuchten wir eine gänzlich neue Ethik.

Jonas Ausgangspunkt ist dabei die These, dass das menschliche Handeln im Vergleich zu früheren Zeiten eine grundlegend neue Qualität gewonnen habe. Kennzeichnend für diese neue Natur menschlichen Tuns seien *erstens* neue Dimensionen der Eingriffe in die Natur; dies lasse sich anhand des exponentiell wachsenden Ressourcenverbrauchs verdeutlichen. *Zweitens* konstatiert er neuartige Folgen menschlichen Handelns für die Natur und den Menschen; hier ließe sich als Beleg der vom Menschen beeinflusste Klimawandel anführen. *Drittens* kämen gänzlich neue Objekte der Technik ins Spiel; so werde die menschliche Natur durch gentechnische Eingriffe erstmals selbst zum Gegenstand technischer »Verbesserungen« gemacht.

Die Frage, die Jonas in den Mittelpunkt seiner Zukunftsethik stellt, lautet: Was sollen wir tun angesichts solcher *weit reichenden Eingriffe* in die Natur und der damit verbundenen *unabsehbarer Risiken*, die die Zukunft der Menschheit gefährden? Worin besteht unsere Verantwortung im technologischen Zeitalter, an welchem Grundsatz sollte sich verantwortliches menschliches Handeln orientieren?

Um die neue Art von Verantwortung zu begründen, führt Jonas eine Reihe von Unterscheidungen ein. Verantwortung wird üblicherweise so verstanden, dass jemand für seine Tat und deren unmittelbare Folgen haftbar gemacht wird (juristische Verantwortung). Die Verantwortung, mit der es die Zukunftsethik zu tun hat, geht jedoch weit über eine solche Verantwortung im Sinne der kausalen Zurechnung begangener Taten hinaus.

Verantwortung für die Zukunft: erste Unterscheidungen

Q)) Nun gibt es aber noch einen ganz andern Begriff von Verantwortung, der nicht die [...] Rechnung für das Getane, sondern die Determinierung des

Zu-Tuenden betrifft; gemäß dem ich mich also verantwortlich fühle nicht primär für mein Verhalten und seine Folgen, sondern für die *Sache*, die auf mein Handeln Anspruch erhebt. Verantwortung zum Beispiel für die Wohlfahrt Anderer »sichtet« nicht nur gegebene Tatvorhaben auf ihre moralische Zulässigkeit hin, sondern verpflichtet zu Taten, die zu keinem anderen Zweck vorgehabt sind. Das »für« des Verantwortlichseins hat hier offenbar einen völlig anderen Sinn als in der vorigen, selbstbezogenen Klasse. Das »wofür« liegt außer mir, aber im Wirkungsbereich meiner Macht, auf sie angewiesen oder von ihr bedroht. Ihr setzt es entgegen sein Recht auf Dasein aus dem, was es ist oder sein kann, und nimmt durch den sittlichen Willen die Macht in ihre Pflicht. Die Sache wird meine, weil die Macht meine ist und einen ursächlichen Bezug zu eben dieser Sache hat. Das Abhängige in seinem Eigenrecht wird zum Gebietenden, das Mächtige in seiner Ursächlichkeit zum Verpflichteten. [...]

Diese Art Verantwortung und Verantwortungsgefühl, nicht die formal leere »Verantwortlichkeit« jedes Täters für seine Tat, meinen wir, wenn wir von der heute fälligen Ethik der Zukunftsverantwortung sprechen.

(*Hans Jonas: Das Prinzip Verantwortung. Versuch einer Ethik für die technologische Zivilisation. Suhrkamp, Frankfurt am Main, 1984, S. 172 ff.*)

Alte und neue Imperative

Im Rahmen seiner Zukunftsethik führt Hans Jonas einen neuen Imperativ ein, der sich von Kants Kategorischem Imperativ unterscheidet:

Q)) 1. Kants kategorischer Imperativ sagte: »Handle so, dass du auch wollen kannst, dass deine Maxime ein allgemeines Gesetz werde.« Das hier angerufene »kann« ist das der Vernunft und ihrer Einstimmung mit sich selbst: Die Existenz einer Gesellschaft menschlicher Akteure (handelnder Vernunftwesen) *vorausgesetzt*, muss die Handlung so sein, dass sie sich ohne Selbstwiderspruch als allgemeine Übung dieser Gemeinschaft vorstellen lässt. [...] Es liegt aber kein *Selbstwiderspruch* in der Vorstellung, dass die Menschheit einmal aufhöre zu existieren, und somit auch kein Selbstwiderspruch in der Vorstellung, dass das Glück gegenwärtiger und nächstfolgender Generationen mit dem Unglück oder gar der Nichtexistenz späterer Generationen erkauft wird [...].

2. Ein Imperativ, der auf den neuen Typ menschlichen Handelns passt und an den neuen Typ von Handlungssubjekt gerichtet ist, würde etwa so lau-

ten: »Handle so, dass die Wirkungen deiner Handlung verträglich sind mit der Permanenz echten menschlichen Lebens auf Erden«; oder negativ ausgedrückt: »Handle so, dass die Wirkungen deiner Handlung nicht zerstörerisch sind für die künftige Möglichkeit solchen Lebens«; oder einfach: »Gefährde nicht die Bedingungen für den indefiniten Fortbestand der Menschheit auf Erden«; oder wieder positiv gewendet: »Schließe in deine gegenwärtige Wahl die zukünftige Integrität des Menschen als Mit-Gegenstand deines Wollens ein«.

3. Es ist ohne weiteres ersichtlich, dass kein rationaler Widerspruch in der Verletzung dieser Art von Imperativ involviert ist. Ich *kann* das gegenwärtige Gut unter Aufopferung des zukünftigen Guts wollen. Ich kann, so wie mein eigenes Ende, auch das Ende der Menschheit wollen. Ich kann, ohne in Widerspruch mit mir selbst zu geraten, wie für mich so auch für die Menschheit ein kurzes Feuerwerk äußerster Selbsterfüllung der Langeweile endloser Fortsetzung im Mittelmaß vorziehen.

Aber der neue Imperativ sagt eben, dass wir zwar unser eigenes Leben, aber nicht das der Menschheit wagen *dürfen*; und dass Achill zwar das Recht hatte, für sich selbst ein kurzes Leben ruhmreicher Taten vor einem langem Leben ruhmloser Sicherheit zu wählen (unter der stillschweigenden Voraussetzung nämlich, dass eine Nachwelt da sein wird, die von diesen Taten zu erzählen weiß); dass wir aber nicht das Recht haben, das Nichtsein zukünftiger Generationen wegen des Seins der jetzigen zu wählen oder auch nur zu wagen. [...]

4. Es ist ferner offensichtlich, dass der neue Imperativ sich viel mehr an die öffentliche Politik als an privates Verhalten richtet, welches letztere nicht die kausale Dimension ist, auf die er anwendbar ist. Kants kategorischer Imperativ war an das Individuum gerichtet und sein Kriterium war augenblicklich. Er forderte jeden von uns auf, zu erwägen, was geschehen würde, *wenn* die *Maxime* meiner jetzigen Handlung zum Prinzip einer allgemeinen Gesetzgebung gemacht würde oder es in diesem Augenblick schon wäre: die Selbsteinstimmigkeit oder Nichteinstimmigkeit einer solchen *hypothetischen* Verallgemeinerung wird zur Probe meiner *privaten* Wahl gemacht. [...] In der Tat, *reale* Folgen sind überhaupt nicht ins Auge gefasst und das Prinzip ist nicht das der objektiven Verantwortung, sondern das der subjektiven Beschaffenheit meiner Selbstbestimmung: Der neue Imperativ ruft eine andere Einstimmigkeit an: nicht die des Aktes mit sich selbst, sondern die seiner schließlichen *Wirkungen* mit dem Fortbestand menschlicher Aktivität in der Zukunft. [...] Dies nun fügt dem moralischen Kalkül den *Zeit*horizont hinzu, der in den logischen Augenblicksoperationen des kantischen Imperativs gänzlich fehlt.

(Hans Jonas: Das Prinzip Verantwortung. A.a.O., S. 35 ff.)

Vorrang der schlechten vor der guten Prognose

Welche konkreten Verpflichtungen lassen sich aus diesem Imperativ der Verantwortung ableiten? Jonas plädiert hierbei für eine »*Heuristik der Furcht*«. Die erste Pflicht, die im Rahmen der Zukunftsethik zu beachten ist, sei die Pflicht zur Beschaffung der Vorstellung möglicher (auch negativer) Fernwirkungen unseres Handelns. Als zweite Pflicht nennt er die Pflicht zur Aufbietung des dem Vorgestellten angemessenen Gefühls. Wir sollen uns vom gedachten Heil oder Unheil kommender Generationen affizieren lassen, unser ungutes Gefühl also nicht stilllegen, sondern uns von unserer Furcht leiten lassen.

Ein Problem bleibt jedoch trotz dieser einleitenden Verpflichtungen bestehen, das Problem, dass über die Zukunft immer nur Wahrscheinlichkeitsaussagen möglich sind. Das bedeutet, dass auch wissenschaftliche Zukunftsprojektionen prinzipiell unsicher sind. Wir haben es einerseits mit positiven Prognosen über die Wirkung der neuen Technologien auf das menschliche Wohl in naher Zukunft zu tun. Diesen stehen aber in der Regel negative Prognosen gegenüber, die auf *unabsehbare* Risiken bestimmter weit reichender technischer Eingriffe in die Natur in der Zukunft aufmerksam machen. Und zwar geht es um Risiken, die sich für die Menschheit als existenzgefährdend herausstellen könnten. Was, fragt Jonas, sollen wir in solchen Situationen der Unsicherheit tun?

Q)) Eben diese Ungewissheit nun aber, welche die ethische Einsicht für die hier gemeinte Zukunftsverantwortung unwirksam zu machen droht und natürlich nicht auf die Unheilsprophezeiung beschränkt ist, muss selber in die ethische Theorie einbezogen und in ihr zum Anlass eines neuen Grundsatzes genommen werden, der nun seinerseits als praktische Vorschrift wirksam werden kann. Es ist die Vorschrift, primitiv gesagt, dass der *Unheilsprophezeiung mehr Gehör zu geben ist als der Heilsprophezeiung.*
(Hans Jonas: Das Prinzip Verantwortung. A.a.O., S. 61 ff.)

I)) **Fragen zur Textinterpretation**
* Worin unterscheidet sich Jonas' Konzept der Verantwortung (für die Zukunft) vom juristischen Verständnis von Verantwortung im Sinne der kausalen Zurechnung begangener Taten?
* Warum geht menschliche Macht nach Jonas immer mit Verantwortung einher? Welche Sache ist dem Menschen heute infolge neuer Handlungsmacht in die Hand gegeben, weshalb sie zum Gegenstand seiner

---

Sorge/Verantwortung werden sollte?

- Erläutern Sie die Unterschiede zwischen dem alten kategorischen Imperativ Kants und dem neuen Imperativ der Zukunftsethik? Warum ist dieser neue Imperativ allein den Herausforderungen des »technologischen Zeitalters« gewachsen?
- Was versteht Jonas unter Heuristik der Furcht? Welche Verpflichtungen leiten sich aus dem obersten Imperativ der Zukunftsethik ab?
- Deuten Sie den Grundsatz »Vorrang der schlechten vor der guten Prognose«. Was sollen wir tun, wenn es sich widersprechende Voraussagen über die Wirkungen einer modernen Technologie (z.B. den groß-flächigen Einsatz von Genmais) gibt?

A)) Anwendungsfall: Ausstieg aus der Atomenergie

Häufig ist, wenn von den Gefährdungen der Menschheit durch die moderne Technik die Rede ist, nur ihre offen zerstörerische Kraft in Form der militärischen Nutzung gemeint. Dass ein massiver Einsatz von Atomwaffen die Menschheit auszulöschen vermag, ist heute nicht mehr umstritten. Hans Jonas hat jedoch im Rahmen seiner Zukunftsethik, wenn er von unabsehbaren Risiken moderner Technologien spricht, nicht allein deren Gebrauch für destruktive Zwecke, sondern ebenso sehr ihre »*produktiven*« Wirkungen im Blick. Auch das, was sich zunächst als Segen für die Menschheit darstellt, kann sich als Fluch für sie erweisen.

Ein Beispiel dafür ist die friedliche Nutzung der Kernkraft. Die Reaktorkatastrophe von Tschernobyl symbolisiert dabei den Beginn eines Umdenkens. In der Bundesrepublik Deutschland gibt es heute den politischen Willen, festgelegt in entsprechenden Beschlüssen, langfristig gesehen den Ausstieg aus der Atomenergie zu vollziehen. Nicht nur die weiter bestehenden Sicherheitsprobleme, sondern auch das bis heute ungelöste Problem der Endlagerung der radioaktiven Abfälle haben zu diesem Umdenken beigetragen. Neuerdings wird dieser politische Konsens über den »Einstieg in den Ausstieg aus der Atomenergie« von diversen politischen und wirtschaftlichen Akteuren aber wieder in Frage gestellt. Der Streit geht also weiter.

Pro- und Contra-Argumentation
- Recherchieren Sie, wie viel Prozent der Energieerzeugung in Deutschland auf Atomkraftwerke entfallen und wo es solche Standorte gibt.

- Welche Gründe führten seinerzeit in Deutschland dazu, langfristig die Atomkraft als Technologie der Energieerzeugung zu ächten? Stellen Sie den Zusammenhang zwischen diesem politischen Ausstiegsbeschluss und Jonas Prinzip des Vorrangs der schlechten vor der guten Prognose her.
- Welche Argumente werden heute von Gegnern dieses Ausstiegsbeschlusses vorgebracht, um einen Weiterbetrieb bzw. Neubau von Atomkraftwerken zu rechtfertigen?
- Wägen Sie zusammenfassend das Für und Wider bezogen auf die friedliche Nutzung der Atomkraft ab. Warum plädieren Sie persönlich auf längere Sicht für/gegen den Einsatz der Atomkraft für die Energieerzeugung?